明朝简史

Ming Dynasty

吴晗——著

中国华侨出版社
·北京·

图书在版编目（CIP）数据

明朝简史 / 吴晗著 . — 北京 : 中国华侨出版社，2019.11

ISBN 978-7-5113-8071-5

Ⅰ . ①明… Ⅱ . ①吴… Ⅲ . ①中国历史 – 明代 Ⅳ . ① K248

中国版本图书馆 CIP 数据核字 (2019) 第 239246 号

明朝简史

著　　者 / 吴　晗
责任编辑 / 王　委
经　　销 / 新华书店
开　　本 / 880 毫米 ×1230 毫米　1/32　印张 / 9　字数 / 173 千字
印　　刷 / 河北鹏润印刷有限公司
版　　次 / 2019 年 11 月第 1 版　2019 年 11 月第 1 次印刷
书　　号 / ISBN 978-7-5113-8071-5
定　　价 / 48.00 元

中国华侨出版社　北京市朝阳区静安里 26 号通成大厦 3 层　邮编：100028
法律顾问：陈鹰律师事务所
编辑部：(010) 64443056　64443979
发行部：(010) 64443051　传真：(010) 64439708
网　址：www.oveaschin.com
E-mail：oveaschin@sina.com

出版说明

著名历史学家吴晗是现代明史研究的开拓者和奠基者之一，他将毕生心血都倾注于史学研究方面。在明史方面的研究取得了丰硕的成果。他的著作引用史料严谨翔实、文笔风趣幽默，分析鞭辟入里，不仅对历史事件有着冷静客观的论断和独到的学术见地，同时更是给读者们展现了一个个活灵活现的历史人物，是广大读者了解明代历史无法绕开的经典作品。

本书撷取吴晗先生研究明史的精华文字，在保持作品原貌的基础上，进行了分类与节选，从政治、经济、军事三个大的方面，系统梳理明代历史脉络，解析历史背后的兴亡得失。力图使读者通过吴晗先生的文字，以最少的篇幅，在最大程度上了解明朝从建立至衰亡的浩荡历史进程。

本书节选的吴晗先生相关文字包括《朱元璋传》(1965年本)，《明史简述》，《明史》（未完稿），《读史札记》，《历史的镜子》等著作，以及其他数篇吴晗先生曾在刊物上发表过的明史史论、杂文等。出处均已在文中标明。同时遴选插图三十余幅，以便读者能更加直观形象地了解明代历史。为了方便读者阅读，文字方面，除人名地名等固定用词外，我们均采用了目前的通用汉字，标点符号也依最新的规定做了修改。

由于编者水平所限，书中缺点与错漏难免，请广大读者批评指正。

目录

军事：皇权的轮子

政治：
明暗交织的大明政局

一个王朝的初建

一、明太祖的建国[①]

朱元璋像

吴元年（1367，元顺帝至正二十七年）十二月，朱元璋的北伐大军已经平定山东，南征军已降方国珍，移军取福建，水陆两路都势如破竹。一片捷报声使应天的文武臣僚欢天喜地，估计着自己的强大的军事力量，各族人民渴望统一的拥护和支持；估计着元朝政府的无能、腐败，元朝将军们正在疯狂地进行你死我活的内战，统一全国已经是算得出日子的事情了。为了适应这新的局面，必须建立全国性的统治政权，从过去历史实际得出的结论，王只是局部地区的统治者，全国性的统治者应该称皇帝，以此，吴王应该改称皇帝，王府臣僚自然应该提高一级做新皇朝的将相了。

①选自吴晗：《朱元璋传》第四章《开国皇帝》。

一切都商量好了，准备好了，中书省左丞相宣国公李善长领头率文武百官奉表请朱元璋做皇帝，十天后，朱元璋搬进新盖的宫殿，把要做皇帝的意思，祭告于上帝皇祇说：“惟我中国人民之君，自宋运告终，帝命真人于沙漠，入中国为天下主，其君臣父子及孙百有余年，今运亦终。其天下土地人民，豪杰分争。惟帝赐英贤为臣之辅，遂戡定群雄，息民于田野，今地周回二万里广。诸臣下皆曰生民无主，必欲推尊帝号，臣不敢辞，亦不敢不告上帝皇祇。是用明年正月四日于钟山之阳，设坛备仪，昭告帝祇，惟简在帝心：如臣可为生民主，告祭之日，帝祇来临，天朗气清。如臣不可，至日当烈风异景，使臣知之。”①

李善长像

这篇祭告文把元朝蒙汉地主阶级联合政权的倾覆和自己皇朝的建立，都推到上帝身上。前朝的建立和倾覆是天命，自己做皇帝也是天命。上帝的意旨是不可违背的，秉承上帝意旨做皇帝的权力自然也是不可违背的，他就凭这个上帝命令来统治全国人民，叫人明白违背他就是违背上帝，把神权和世俗政权结合在一起。至于挑的日子，当然是经过研究的，刘基是当时有名的天文学家，一直到今天，民间还流传着有关他的许多怪异传说。但据朱元璋

①《明太祖实录》卷二四。

对刘基儿子讲的话：“他的天文，别人看不着。他只把秀才的理来断，到强似他那等（天文家）。鄱阳湖里到处厮杀，他都有功。”[1] 看来刘基对气象预测是有专长的，在他那个时代所达到的科学水平，几天以内的气象变化看来是可以掌握的。刘基预测正月初四是天气好的日子，朱元璋的祭告文里便有充分信心让上帝来选择他配不配当皇帝，承天命了。

刘基像

即位的礼仪也决定了。这一天先告祀天地，即皇帝位于南郊，丞相率百官和都民耆老拜贺舞蹈，连呼万岁三声，礼成。具皇帝卤簿仪仗威仪导从，到太庙追尊四代祖父母、父母为皇帝皇后，再祭告社稷。宗教仪式都做完了，于是皇帝服衮冕，在奉天殿受百官朝贺，这样就算成为合法的正统的皇帝了。

这一天的天气当然很好，日朗风和。烈风异景，连一点影子也没有，上帝批准了。

皇帝办公的正殿名为奉天殿，皇帝诏书的开头规定用“奉天承运”四字。[2]原来元朝皇帝诏书的开头用“长生天气力里，

---

①刘仲璟：《遇恩录》。

②《明太祖实录》。

大福荫护助里”，文言译作“上天眷命”，朱元璋以为这口气不够谦卑，改为“奉天承运”，表示他的一切行动都是“奉天”而行的，他的皇朝是承方兴之“运”的，谁敢反抗天命？谁又敢于违逆兴运？

芮城清凉寺元碑上的“长生天气力里”字样

洪武元年（1368）正月初四日，朱元璋定有天下之号曰大明，建元洪武。以应天为京师。

奉天殿受贺后，立妃马氏为皇后，世子标为皇太子。以李善长、徐达为左右丞相，各文武功臣都加官晋爵，授予庄田。皇族死的活的全都封王。一霎时闹闹攘攘，欢欢喜喜，新朝廷上充满了蓬蓬勃勃的新气象，新京师里平添了几百千家新地主、新贵族，历史上出现了一个统一的新朝代。

徐达像

皇族和其他文武官僚、地主家族组成新的统治阶级，代表这一阶级执行统治的机构是朝廷。这朝廷是为朱家皇朝服务的，为地主阶级的利益服务的，朱家皇朝的建立者朱元璋，给他的皇朝起的名号是大明。

大明这一朝代称号的决定，事前曾经过长期的考虑。

历史上的朝代称号，都有其特殊的意义。大体上可以分作四类，第一类用初起的地名，如秦、汉；第二类用所封的爵邑，如隋、唐；第三类用当地的物产，如辽（镔铁）、金；第四类用文字的含义，如大真、大元。大明应该属于第四类。[①]

大明的意义出于明教。明教本有明王出世的传说，经过五百

---

①赵翼：《廿二史札记》卷二九，《元建国始用文义》。朱国桢《涌幢小品》卷二："国号加大，始于胡元，我朝因之，盖返左衽之旧，自合如此，且以别于小明王也。其言大汉、大唐、大宋者，乃外夷及臣子尊称之词。"

多年公开和秘密的传播，明王出世成为民间所熟知的预言。韩山童自称明王起事，败死后，他的儿子韩林儿继称小明王。西系红军的别支明昇也称小明主。朱元璋原来是小明王的部将，害死小明王，继之而起，国号大明。[①]据说是刘基出的主意。

朱元璋部下分红军和儒生两种人，也就是农民和地主两个系统，到建国以后，原来由农民出身的将帅也都成为新地主了。这一朝代称号的采用，使两个系统的人都感觉满意。就出自红军诸将的观点来说，他们大多数起自淮西，受了彭莹玉的教化，其余的不是郭子兴的部曲，就是小明王的故将，或天完和汉的降将，总之，都是明教徒。用大明作新皇朝的称号，第一表示新政权是继承小明王的，所有明教徒都是一家人，应该团结在一起，共享富贵；第二告诉人民以明王已经在世，只此一家，其他的全是冒牌，不要相信；第三使人民安心，老实本分，享受明王治下的和平合理生活。就出自地主的儒生集团的观点来说，他们固然反对明教，和红军处于敌对地位，用尽心机，劝诱朱元璋背叛明教，放弃阶级斗争，暗杀小明王，另建新朝代。可是，对于这一朝代称号，却用儒家的看法来理解。明是光明，是火，分开是日月二字，古礼有祀“大明”，朝“日”夕“月”的说法，千多年来“大

---

①孙宜《大明初略》四：“国号大明，承林儿小明号也。”祝允明：《野记》卷一。

明”和日月都是朝廷的正祀，无论是列作郊祭或特祭，都为历代皇家所重视，儒生所乐于讨论的。而且，新朝是起于南方的，和以前各朝从北方起事平定南方的恰好相反，拿阴阳五行之说来推论，南方为火，为阳，神是祝融，颜色赤，北方是水，属阴，神是玄冥，颜色黑。新朝建都金陵，是祝融的故墟。①元朝建都北平，起自蒙古大漠。那么，以火制水，以阳消阴，以明克暗，不是恰好相胜？再则，历史上的宫殿名称有大明宫、大明殿，古神话里“朱明”一词又把皇帝的姓和朝代称号连在一起，尤为巧合。因此，儒生这一系统也赞成用这一朝代称号。这两种人出发点不同，结论却取得一致。②

在元末二十年的波澜壮阔的阶级斗争中，被统治者组织武装力量，所标榜的是“明王出世”和“弥勒降生”的预言。朱

①袁义新《凤阳新书》卷一《太祖本纪》：“本姓朱，本祝融。祝融，帝颛项子，为帝喾火正，有大勋于天下，故别为祝融。在国臣（柯）仲炯言：……太祖定鼎金陵，则祝融之故墟也……故建国号大明，其有祖也。夫祝融大明，容光必照……所以我太祖以大明建国，亦以大明光天，中天下而立，定四海之民，所重民历，以示三纲五常，以昭日月，以引趋光而避凶，此皇明治天下，潜移默化之大旨，所以四海来朝，亦以是赐之耳。知此道者，其可以语我太祖取号大明之秘义乎。故汉德若水，我皇明其德如日月之代明，汉得地道，我皇明得天道，三统之义，皇明统于天矣。”

②吴晗：《读史札记·明教与明朝》。

元璋是深深明白这类预言，这类秘密组织的鼓动意义的。正因为他是明教徒，正因为他曾崇奉弥勒佛，正因为他是从明教和弥勒教的秘密传播得到机会和成功，成为新兴的统治者，他要把手创的这份产业永远保持下去，传之子孙世代，决不许可别人学他的榜样，危害他的统治。而且，大明已经成为皇朝称号了，更不能容许对这称号有所亵渎。因此，他做皇帝的第一年，就用诏书禁止一切邪教，特别是白莲社、大明教和弥勒教。接着把这禁令写成法律条文，《大明律·礼律·禁止师巫邪术》条规定："凡师巫假降邪神，书符咒水，扶鸾祷圣，自号端公、太保、师婆，妄称弥勒佛、白莲社、明尊数、白云宗等会，一应左道乱正之术，或隐藏图像，烧香集众，夜聚晓散，佯修善事，煽惑人民，为首者绞。为从者各杖一百，流三千里。"句解："端公、太保，降神之男子；师婆，降神之妇人。白莲社如昔远公修净土之教，今奉弥勒佛十八龙天持斋念佛者。明尊教谓男子修行斋戒，奉牟尼光佛教法者。白云宗等会盖谓释氏支流派分七十二家，白云持一宗如黄梅、曹溪之类是也。"明尊教即明教，牟尼光佛即摩尼。《昭代王章·条例》："左道惑众之人，或烧香集徒，夜聚晓散，为从者及称为善友，求讨布施，至十人以上，事发，属军卫者俱发边卫充军，属有司者发口外为民。"善友也正是明教教友称号的一种。《招判枢机·定师巫邪术罪款》说："有等捏怪之徒，罔顾明时之法，乃敢立白莲社，自号端公。拭清风刀，人呼太保。尝云能用五雷，能集方神。得先天，知后世。凡所以煽惑人心者千形万状。小则人迷而忘亲忘家，大即心惑而丧心丧志，甚至聚集成党，集党成祸，不测之变，种种立见者，其害不可胜言也。”[1]明确指出封建皇朝对人民秘密结社的恐惧，必须严刑禁止。温州、泉州的大明教，从南宋以来就根深蒂固流传在民间，到明初还“造饰殿堂甚侈，民之无业者咸归之”。深为封建皇朝所忌恨，便借口它名犯国号，教堂被毁，教产被没收，教徒被逐归农。[2]宋、元以来的明州，也改名为宁波。[3]明教徒在严刑压制之下，只好再改换名称，秘密活动，成为民间的地下组织了。这一系列措施，显示了当时阶级斗争的情况。元末农民起义，是通过秘密宗教的组织活动发动起来的，目的是推翻蒙汉地主统治阶级，现在，明封建皇朝用严刑取缔、压制秘密宗教，目的却是维护、巩固封建皇朝的统治，但是，阶级斗争是不能用封建政权的法令压制下去的，只要封建政权的性质不变，阶级斗争就永远不会停止，“野

---

①《昭代王章》；《明律》一一，《礼》一。王世贞《名卿绩纪》卷三《李善长传》：“洪武元年，高帝幸汴还……又请禁淫祀白莲社、明尊教、白云巫觋，扶鸾祷圣书符咒水邪术，诏可。”

②宋濂：《芝园续集》四，《故岐宁卫经历熊府君墓铭》；何乔远：《闽书》七，《方域志》。

③吕毖：《明朝小史》卷二。

火烧不尽，春风吹又生”，这是人类社会历史发展的必然规律，是任何人也阻止、抗拒不了的。

弥勒教等秘密宗教在民间传播的情况，特别是江西地区的情况，从朱元璋在洪武十九年（1386）诰诫人民的话里可以看出来。他说：“元政不纲，天将更其运祚，而愚民好作乱者兴焉。初本数人，其余愚者闻此风而思为之，合共谋倡乱。是等之家，吾亲目睹……秦之陈胜、吴广，汉之黄巾，隋之杨玄感、僧向海明，唐之王仙芝，宋之王则等辈，皆系造言倡乱者。致干戈横作，物命损伤者多。比其事成也，天不与倡乱者，殃归首乱，福在殿兴。今江西有等愚民，妻不谏夫，夫不戒前人所失，夫妇愚于家，反教子孙，一概念诵南无弥勒尊佛，以为六字，又欲造祸，以殃乡里……今后良民凡有六字者即时烧毁，毋存毋奉，永保己安，良民戒之哉！”[①] 他也讲历史的经验教训，把从陈胜、吴广以来直到元末农民起义，都归结为“作乱”“倡乱”，后果是“物命损伤者多”，也就是破坏社会生产力，阻止社会发展、前进，立场是十分坚定的。还特别指出凡是造言首事的都没有好下场。“殃归首乱”，他自己呢，是后起的跟从的，是叛变了农民革命的，成了事业，所以“福在殿兴”。他苦口劝人民脱离弥勒教，不奉六字。劝人民不要首事造祸，翻来覆

---

①明太祖：《大诰三编》，造言好乱第十二。

去地说。但是，他所说的“愚民”，还是好作乱，还是“闻此风而思为之”。从洪武初年到永乐七年（1409），小明王在西北的徒党仍然很活跃，王金刚奴自称四天王，其党田九成自称后明皇帝，年号仍用龙凤。何妙顺号天王，高福兴自称弥勒佛。帝号和年号都直接继承小明王，根本不承认朱元璋的统治，前后攻破屯寨，杀死官军。直到洪武三十年（1397）九月，才被镇压下去；单是“胁从”被宥为军的就有四千多人，规模之大是可想而知的。[①]此外，龙凤十一年（1365）八月，罗平县蓝丑儿诈称彭莹玉，“造妖言以惑众”，铸印章，设官吏。洪武三年（1370）九月，青州民孙古朴等自号黄巾贼，袭击莒州，杀同知牟鲁。六年（1373）正月蕲州王玉二聚众烧香起事。四月罗田县王佛儿自称弥勒佛降生，传写佛号。十一年（1378）正月五开洞“蛮”吴面儿以“邪法惑人”起事，直到十八年（1385）七月才被汤和以计诱捕，俘获四万余人。十二年（1379）四月成都嘉定州眉县彭普贵也以“妖言惑众”起兵。闰五月，陈友谅余部王玉儿起事。十四年（1381）八月四川广安州山民有自称弥勒佛者，“集众惑人”。十九年（1386）五月，福建将乐县阳门庵僧彭玉琳初名全无，用行脚至新淦，自号弥勒佛祖，烧香聚众，作白莲会，自称晋王，置官属，建元天定。二十一年（1388）五月，

---

①《明成祖实录》卷九〇；沈德符：《野获编》卷二九，《再僭龙凤年号》。

袁州府萍乡县民有自称弥勒佛"惑民者"。七月，宁都卫擒获大笑山"妖贼"伪招讨周三官等三十一人械送京师。二十四年（1391）三月袁州分宜县民以"左道惑众"。九月，宁波府有僧称白莲宗，会合男女，聚众烧香。[①]起义地点包括陕西、湖北、山东、四川、江西、福建、浙江、湖广等省，都是过去弥勒教、明教、白莲社长期活动过的地方。特别是西系红军的根据地蕲州、罗田，不但在洪武朝，直到永乐时，还在发生反抗斗争。如永乐四年蕲州广济县"妖僧"守座聚男女立白莲社，毁形断指，假神煽惑被杀。七年（1374）在湘潭，十六年（1383）在保定，都有弥勒教徒起事失败的记录。湘潭的起事头目是从江西来的。保定的头目演说"应劫""五公"诸经，发展到真定、容城、山西洪洞等县人民皆受戒约。[②]以后直到明亡，这些秘密宗教仍然不断在各地传播和暴动。

只要封建地主阶级仍然在统治，通过秘密宗教组织起来的农民暴动就永远不会停止，封建朝廷的法令和暴力镇压是无能为力的。

---

①《明太祖实录》。

②《明成祖实录》卷五六、九六、二〇〇。

二、建都南京和九王守边

朱元璋在称帝建国之后，摆在面前的问题是，第一怎样建立一个有效能的政治中心地区，即首都建在何处？第二用什么方法来维持朱家皇朝子子孙孙的统治？

远在初渡江攻克太平时，陶安便建议先取金陵，据形势以临四方。[①]冯国用劝定都金陵，以为根本。[②]叶兑上书请定都金陵，然后拓地江广，进则越两淮以北征，退则画长江以自守。[③]谋臣策十一致主张定都应天。经过长期考虑之后，龙凤十二年（1366）六月，扩大应天旧城，建筑新宫于钟山之南，到次年九月完工，这是吴王时代的都城。

洪武元年（1368）朱元璋称帝，北伐南征，到洪武二十年（1387）辽东全定，南北统一。在这二十年中，朱元璋的地位由王而帝，所统治的版图由南方一部分地区扩大为全国，吴王时代的都城如何适应这扩大以后的局面，便成为问题了。因为元顺帝及其子孙虽然北走沙漠，却仍然称为北元，保有政府机构和强大的军事力量，时时有南下复辟，卷土重来的企图；同时沿海一带倭寇侵扰，也是国防上的重大问题。国都的确定和国防计划的安

---

① 《明史》卷一三六，《陶安传》。

② 《明史》卷一二九，《冯胜传》；孙承泽：《春明梦余录》卷一。

③ 《明史》卷一三五，《叶兑传》。

排是密切相关的，是当时朝野最关心的两件大事。

自然环境是这样，从辽东半岛直到广州，沿海漫长的海岸线，处处时时都有被倭寇侵掠的危险。东北、北面和西北面，长城以外便是北元的势力，如不在险要处屯驻重兵，一旦北元铁骑奔驰南下，黄河以北就很不容易守住。防边要用重兵，如把边境军权付托给异姓诸将，邵荣、谢再兴的教训已经够深刻了，而且，即使不出什么问题，边将拥兵过多，尾大不掉，也很可能造成历史上藩镇跋扈的覆辙；如以重兵直隶朝廷，则国都必须设在国防前线，才便于统辖指挥，在应天距离北边前线太远，是指挥不了的。东南地区是全国的经济中心，粮饷所出，北方为了边防安全，又必须建立为军事中心。国都如建设在东南，和经济中心结合，则北边空虚，无力阻止北元的南侵；如建立在北边，和军事中心合一，则粮食仍须依靠东南供应，运输费用太大，极不经济。

皇朝都城问题之外，还有皇朝制度问题，是郡县制呢，还是封建制呢？就历史上的经验教训说，秦、汉、唐、宋之亡，没有强大的亲藩支持屏卫，是原因之一。可是周代封建子弟，又闹得枝强干弱，天王威令不行。这两种制度的折衷方案是西汉前期的郡国制，一面立郡县，设官分治，集大权于皇朝；一面又建藩国，封建子弟，付以精兵，使为皇家捍御。把皇朝建都和制度问题一起解决，设国都于东南财赋之区，封子弟于北边边防据点，这样，在经济上，在军事上，在皇家统治权的永久维持上，都可以圆满地解决了。

明初定都于应天的重要理由是从经济上出发的：第一因为江浙富庶，不但有长江三角洲大谷仓，而且还是纺织工业、盐业的中心，应天是这些物资的集散地，所谓“财赋出于东南，而金陵为其会”[①]。第二是吴王时代所奠定的宫阙，也不愿轻易放弃，而且如另建都城，则又得再加一番劳费。第三是朱元璋的左右文武重臣都是江淮子弟，也不愿意远离乡土。第一个理由是主要的，后两个是次要的。虽然如此，朝廷上下又觉得不是十分妥当，因为从照应北方军事的观点来说，这个都城的地理位置偏在东南，显然是不合适的。洪武元年（1368）取下汴梁以后，朱元璋曾亲自去视察，认为这地方虽然地位适中，但是在军事上却无险可守，四面受敌，论形势还不如应天。[②]只是为了西北未定，要运送粮饷和补充军力，不能不设置一个军事上的补给基地，于是模仿古代两京之制，八月以应天为南京，开封（汴梁）为北京。次年八月，陕西平定，北方全入版图，形势改变了，国都重建问题又再次提出。廷臣中有人主张关中险固，金城天府之国；有人建议洛阳为全国中心，四方朝贡距离相等；也有人提出开封是宋朝旧都，漕运方便；又有人以为北平（元大都）宫室完备，建都可省营造

①丘濬：《大学衍义补·都邑之建》。

②《国初事迹》。

费用。各种各样的意见都引史论今，提出讨论。朱元璋批评这些建议都有片面的理由，但都不全面，都不能够适应当前局势。长安、洛阳、开封过去周、秦、汉、魏、唐、宋都曾经建过都，但从今天的情况说，打了几十年仗，人民还未休息过来，如在这些地方新建都城，供给力役都出于江南，百姓负担不了。即使是北平吧，虽然有元朝的旧宫室，总得有些改变，还是费事。还不如仍旧在南京，据形势之地，长江天堑，龙蟠虎踞，可以立国。次之，临濠（濠州）前长江，后淮水，地势险要，运输方便，也是一个可以建都的地方。①就决定以临濠为中都，动工修造城池宫殿，从洪武二年（1369）九月起手，到八年（1375）九月，修建工程还在进行。刘基坚决反对，以为临濠虽然是皇帝乡里，但就种种条件说，都不适宜于建都，方才停工。②洪武十一年（1378）下诏改南京为京师，踌躇了十年的建都问题，到这时才下了决心。③

决心虽然下了，但是为了防御北元，控扼北方边防，朱元璋还是有迁都西北的打算，选定的地点仍是长安和洛阳。洪武二十四年（1391）八月特派皇太子巡视西北，比较两地的形势。太子回来后，献陕西地图，提出意见。不料第二年太子病死，迁

①黄光昇：《昭代典则》。

②《明史》，《太祖本纪》二，卷一二八《刘基传》。

③《明史》，《地理志》一。

都大事只好搁下不谈了。[①]

京师新宫原来是燕尾湖，填湖建宫，地势南面高，北面低，就堪舆家的说法是不合格的。太子死后，老皇帝很伤心，百无聊赖中把太子之死归咎于新宫风水不好，这年年底亲撰《祭光禄寺灶神文》说：

> 朕经营天下数十年，事事按古有绪。唯宫城前昂后洼，形势不称。本欲迁都。今朕年老，精力已倦。又天下新定，不欲劳民。且废兴有数，只得听天。惟愿鉴朕此心，福其子孙。[②]

六十五岁的白发衰翁，既迷信，又失去勇气，只好求上天保佑，从此不再提迁都的话了。

分封诸王的制度，决定于洪武二年（1369）四月初编《皇明祖训》的时候，三年（1370）四月封第二子到第十子为亲王。但是，诸王的就藩，却在洪武十一年（1378）决定以南京为京师之后。[③]从封王到诸王就藩前后相隔九年，原因是诸子有的没有成年，和国都未定，牵连到立国制度也不能决定。到京师决定后，第二子

---

①《明史》卷一一五《兴宗孝康皇帝传》、卷一四七《胡广传》；姜清：《姜氏秘史》卷一；郑晓：《今言》二七四。

②顾炎武：《天下郡国利病书》卷一三，江南一。

③《明史》，《太祖本纪》二。

秦王建国于西安，第三子晋王建国于太原。十三年（1380）第四子燕王建国于北平，出镇在沿长城一线的边防重镇。十四年（1381）第五子周王建国于开封，第六子楚王建国于武昌。十五年（1382）第七子齐王建国于青州，十八年（1385）潭王到长沙，鲁王到兖州。以后其他幼王先后成年就国，星罗棋布，分驻在全国各军事要地，镇压人民的反抗。

就军事形势而论，诸王国的建立分作第一线和第二线，或者说是前方和后方。第一线诸王的任务是防止北元入侵，凭借天然险要，建立军事重点，有塞王之称。诸塞王沿长城线立国，又可分作外内二线；外线东渡榆关，跨辽东，南接朝鲜，北联开原，控扼东北诸部族，以广宁为中心，建辽国；经渔阳（今河北蓟县）、卢龙，出喜峰口，切断北元南侵道路，以大宁为中心，包括今朝阳、赤峰一带，建宁国；北平地势险要，建燕国；出居庸，蔽雁门，以谷王驻宣府（今河北省宣化），代王驻大同；逾河而西，北保宁夏，倚贺兰山，以庆王守宁夏；又西向控扼河西走廊，扃嘉峪，护西域诸国，建肃国。东从开原，西到瓜、沙，连成一气。内线是太原的晋国和西安的秦国。后方诸王是对内的，开封有周王，武昌有楚王，青州有齐王，长沙有潭王，兖州有鲁王，成都有蜀王，荆州有湘王，桂林有靖江王等国。[①]

---

①何乔远：《名山藏》，《分藩记》一。

诸王在其封地建立王府，设置官属。亲王的冕服车旗仅下皇帝一等，公侯大臣见亲王都要俯首拜谒，不得钧礼。地位虽然极高极贵，却没有土地，也不能统治人民，不能干预民政。王府之外，便归朝廷所任命的各级官吏治理。另一方面，诸王却有统兵和指挥军事之权，每王府设亲王护卫指挥使司，有三护卫，护卫甲士少者三千人，多的到一万九千人。[①]塞王的兵力尤其雄厚，如宁王所部带甲八万，革车六千，所属朵颜三卫蒙古骑兵，骁勇善战。[②]秦、晋、燕三王的护卫特别经朝廷补充，兵力也最强。[③]《皇明祖训》规定："凡王国有守镇兵，有护卫兵。其守镇兵有常选指挥掌之。其护卫兵从王调遣。如本国是险要之地，遇有警急，其守镇兵护卫兵并从王调遣。"而且守镇兵的调发，除皇帝的御宝文书以外，并须得亲王令旨，方得发兵。《祖训》规定："凡朝廷调兵，须有御宝文书与王，并有御宝文书与守镇官。守镇官既得御宝文书，又得王令旨，方许发兵。无王令旨，不得发兵。"[④]这一项规定使亲王成为地方守军的监视人，是皇

---

①《明史》，《兵志》二，《卫所》；《诸王传序》。

②《明史》卷一一七，《宁玉传》。

③《明史·太祖本纪》："洪武十年正月辛卯，以羽林等卫军益秦、晋、燕三府护卫。"

④《皇明祖训·兵卫章》。

帝在地方的军权代表。平时以护卫军监视地方守军，单独可以应变；战时指挥两军，独当一面，朱元璋把军权付托给亲生儿子，这样就可以放心了。诸塞王每年秋天勒兵巡边，远到塞外，练兵习武，叫作“肃清沙漠”[①]。凡塞王都参与军务，内中晋、燕二王屡次受命将兵出塞和筑城、屯田，大将如宋国公冯胜、颍国公傅友德都受其节制，军中小事专决，大事才报告朝廷，二王军权独重，立功也最多。[②]

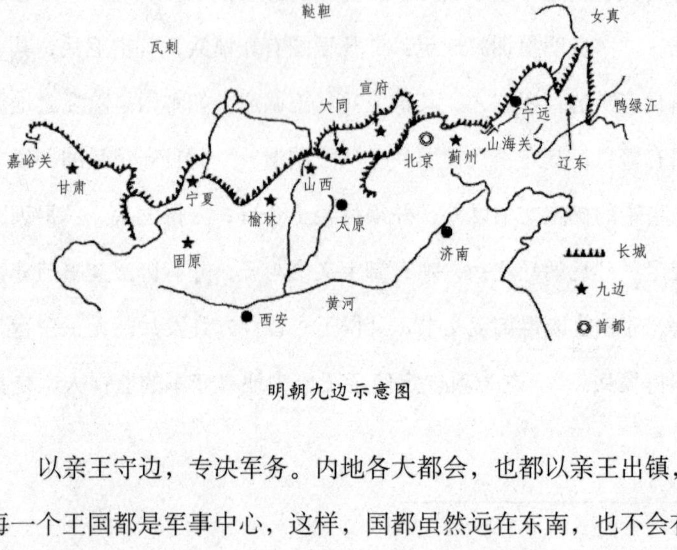

明朝九边示意图

以亲王守边，专决军务。内地各大都会，也都以亲王出镇，每一个王国都是军事中心，这样，国都虽然远在东南，也不会有

① 《明史》，《兵志》三，《边防》；祝允明：《九朝野记》一。

② 《明史》卷一一六，《晋王㭎传》。《太祖本纪》三：“洪武二十六年三月，诏二王军务大者始以闻。”

什么问题了。朱元璋以为这样安排，十分妥帖。但是他没有想到，给儿子以过重的军权，会造成皇家的内部矛盾。他死后不久，建文帝就怕诸王过于强大，削夺藩王权力，燕王就起兵反对建文帝，发生内战，最后燕王做了皇帝，迁都北平。把他的建都和边防两桩计划，打得稀烂。

三、为什么非迁都不可

（一）靖难之役

明太祖在位三十一年（1368—1398），皇太子朱标早卒，皇太孙朱允炆继位，是为惠帝（1398—1402）。时太祖诸子第二子秦王樉、第三子晋王棡都已先死，第四子燕王棣、第五子周王橚和齐、湘、代、岷诸王都以叔父拥重兵，多不法。朝廷孤立。诸王中燕王最雄杰，兵最强，尤为朝廷所嫉。惠帝用黄子澄、齐泰计谋削藩，讨论应该先向谁动手：

> 泰欲先图燕，子澄曰："不然。周、齐、湘、代、岷诸王在先帝时尚多不法，削之有名。今欲问罪，宜先周。周王，燕之母弟，[①]削周是削燕手足也。"[②]

---

①懿文太子标、秦王樉、晋王棡，李淑妃出，燕王棣、周王橚，硕妃出。参见吴晗：《明成祖生母考》，载《清华学报》第10卷第2期。

②《明史》卷一四一，《黄子澄传》。

定计以后，第一步先收回王国所在地之统治权，下诏：“王国吏民听朝廷节制，唯护卫官军听王。”[①]建文元年（1399）二月又下诏诸王毋得节制文武吏士。[②]收回兵权及在王国之中央官吏节制权。洪武三十一年（1398）八月废周王橚为庶人。建文元年（1399）四月湘王柏惧罪自焚死，齐王榑、代王桂有罪，废为庶人。六月废岷王楩为庶人。

燕王棣智勇有大略，妃徐氏为开国元勋徐达女。就国后，徐达数奉命备边北平，因从学兵法。徐达死后，诸大将因胡惟庸、蓝玉两次党案诛杀殆尽。燕王遂与秦、晋二王并当北边御敌之任。洪武二十三年（1390）正月与晋王率师往讨元丞相咬住、太尉乃儿不花，征虏

明成祖朱棣像

前将军、颍国公傅友德等并听节制。三月师次迤都，咬住等降。[③]获其全部而还，太祖大喜。是后屡率诸将出征，并奉命节制沿边士马，威名大震。[④]洪武二十四年（1391）四月督傅友德诸将

①《明史》卷一四一，《齐泰传》；谷应泰：《明史纪事本末》卷一五。

②参见《明史》卷四，《恭闵帝本纪》。

③参见《明史》卷三，《太祖本纪》。

④参见《明史》卷四，《成祖本纪》。

出塞，败敌而还。洪武二十六年（1393）三月冯胜、傅友德备边山西、北平，其属卫将校悉听晋王、燕王节制。洪武二十八年（1395）正月率总兵官周兴出辽东塞，自开原追敌至甫答迷城，不及而还。洪武二十九年（1396 年）率师巡大宁，败敌于彻彻儿山，又追败之于兀良哈秃城而退。洪武三十一年（1398）率师备御开平。[①]太祖死后，自以为三兄都已先死，论序当立，不肯为建文帝下。到周、湘诸王相继得罪，遂决意反，阴选将校，勾军卒，收才勇异能之士，日夜铸军器。[②]建文元年（1399）七月杀政府所置地方大吏，指齐泰、黄子澄为奸臣，援引《祖训》，入清君侧，称其师曰靖难。

兵起时建文帝正在和方孝孺、陈迪一些文士讨论周官法度，更定官制，讲求礼文。当国的齐泰、黄子澄也都是书生，不知兵事，以旧将耿秉文为大将往讨。八月耿秉文兵败于滹沱河，即刻召还，代以素不知兵的勋戚李景隆。时燕王已北袭大宁，尽得朵颜三卫犷骑而南。景隆乘虚攻北平不能克，燕王回兵大破之。建文

方孝孺像

①参见《明史》卷三，《太祖本纪》。

②参见《明史》卷一四五，《姚广孝传》。

二年（1400）四月燕王又败景隆兵于白沟河、德州，进围济南，三月不克，为守将盛庸所掩击，大败解围去。九月盛庸代李景隆为大将军。十二月大败燕兵于东昌，燕大将张玉战死，精锐丧失几尽。建文三年（1401）燕兵数南下，胜负相当。所攻下的城邑，兵回又为朝廷拒守。燕王所据有的地方，不过北平、保定、永平三府。恰好因建文帝待宫中宦官极严厉，宦官被黜责的逃奔燕军，告以京师虚实。十二月后复出师南下。朝廷遣大将徐辉祖（徐达子，燕王妃兄）据山东，与都督平安大败燕兵，燕军正预备逃回北平，建文帝又轻信谣言，以为燕兵已退，一面也不信任徐辉祖，召之还朝。前方势孤，遂接连战败。燕兵乘胜渡淮趋扬州，江防都督陈瑄以舟师迎降，速渡江围南京，谷王橞及李景隆开金川门迎降，宫中火起，建文帝不知所终。燕王于南京即帝位，是为成祖（1402—1424）。

徐辉祖像

成祖入南京后做的第一件事，是对主削藩议者的报复，下令大索齐泰、黄子澄、方孝孺等五十余人，榜其姓名曰奸臣，大行屠杀，施族诛之法，族人无少长皆斩，妻女发教坊司，姻党悉戍边。方孝孺之死，宗族亲友前后坐诛者至八百七十三人。[①]

---

①《明史纪事本末》卷一八。

万历十三年（1585）释坐孝孺谪戍者后裔凡千三百余人。[①]第二件事是尽复建文中所更改的成法和官制，表明他起兵的目的，是在拥护祖训，和建文帝擅改祖制之罪。由此《祖训》成为明朝一代治国的经典，太祖时所定的法令，到后来虽然时移事变，也不许有所更改。太祖时所曾施行的制度，也成为一代的金科玉律，无论无理到什么地步，也因为是“祖制”而不敢轻议。内中如锦衣卫和廷杖制，最为有明一代的弊政。为成祖所创的有宦官出使、专征、监军、分镇的制度，和皇帝的侦察机关东、西厂。

（二）迁都北京

成祖以边藩篡逆得位，深恐其他的藩王也学他的办法，再来一次靖难，即位之后，也采用建文帝的削藩政策，以次收诸藩王兵权，非唯不使干预政事，且设立种种苛禁以约束之。建文四年（1402）徙谷王于长沙，永乐元年（1403）徙宁王于南昌，以大宁地畀从靖难有功之朵颜、福余、泰宁三卫，以偿前劳。[②]

---

①《明史》卷一四一，《方孝孺传》。

②参见《明史》卷三二八，《三卫传》。《明史·成祖本纪》永乐元年三月“始以大宁地畀兀良哈”，《明史·兵志》同。按兀良哈为地名，在潢水（即西喇木伦河）北。西起兴安岭，东至哈尔滨、长春等平野。南有全宁卫，更南有大宁卫。《太祖高皇帝实录》卷一九六：“洪武二十二年五月辛卯，置泰宁、朵颜、福余三卫指挥使司于兀良哈之地，以居降胡。”明人习称泰宁、朵颜、福余为兀良哈三卫，更节称为兀良哈。兀良哈及三卫之名称由来，详见日本箭内互：《兀良哈三卫名称考》。

削代王、岷王护卫。永乐四年（1406）削齐王护卫，废为庶人。永乐十年（1412）削辽王护卫（辽王已于建文元年徙荆州）。永乐十五年（1417）谷王以谋反废。永乐十八年（1420）周王献三护卫。尽削诸王之权，于护卫削之又削，必使其力不足与一镇抗。[①]到宣宗时汉王高煦（成祖次子，宣宗叔父，学他父亲的办法要诛奸臣，入清君侧），武宗时安化王寘鐇、宁王宸濠果然援靖难之例，起兵造反。由此政府更设为厉禁，诸王行动不得自由，甚至出城省墓，亦须奏请。二王不得相见。[②]受封后即不得入朝。[③]甚至在国家危急时，出兵勤王亦所不许。[④]只能衣租食税，凭着王的位号，在地方上作威福，肆害官民。[⑤]王以下的宗人，生则请名，长则请婚于朝，国家养之终身，丧葬予费。[⑥]仰食于官，不使之出仕，又不许其别营生计，怕亵渎了皇家的尊严，"不农不仕，吸民膏髓"[⑦]。到后来生齿日繁，皇族的口数到了七八万，国家也养不起了。世宗（1521—1566）时御史林润

①参见万言：《管村文抄内编》卷二，《诸王世表序》。

②参见《明史》卷一二〇，《诸王传》；卷一一九，《襄王传》。

③参见《明史》卷一一九，《崇王传》。

④参见《明史》卷一一八，《韩王传》；卷一一八，《唐王传》。

⑤参见赵翼：《廿二史札记》卷三二，《明分封宗藩之制》。

⑥参见《明史》卷一一六，《诸王传序》。

⑦《明史》卷二一四，《靳学颜传》。

上疏说：

> 天下岁供京师粮四百万石，而诸府禄米至八百五十三万石。以山西言，存留百五十二万石，而宗禄二百二十二万。以河南言，存留八十四万三千石，而宗禄百九十二万。[1]

不得已大加减削，宗藩日困。枣阳王祐楒请“除宗人禄，使以四民业自为生。贤者用射策应科第”。政府要顾面子，还是不许。[2] 万历二十二年（1594）郑世子载堉再请求特许“宗室皆得儒服就试，毋论中外职，中试者视方品器使”[3]。从此宗室方得出仕。国家竭天下之力来养活十几万游荡无业的贵族游民，不但国力为之疲敝不支，实际上宗室又因不许就业而陷于困穷，衣食无着，势不能不作奸犯法，扰害平民。国家费钱，宗室挨饿，平民受罪，这也是当时创立祖制的人所意想不到的。

成祖削藩的结果，宁、谷二王内徙，尽释诸王兵权，北边空虚。按照当时的形势，“四裔北边为急，倏来倏去，边备须严。

---

①《明史》卷八二，《食货志》。

②参见《明史》卷一一九，《枣阳王传》。

③《明史》卷一一九，《郑王传》。

若畿甸去远而委守将，则非居重取轻之道”[①]。于是有迁都北京之计，以北京为行在，屯驻重兵，皇帝亲自统率，抵御蒙古人之入侵：

太宗靖难之勋既集，切切焉为北顾之虑，建行都于燕，因而整戈秣马，四征弗庭，亦势所不得已也。銮舆巡幸，劳费实繁，易世之后，不复南幸，此建都所以在燕也[②]。

合政治与军事中心为一，以国都当敌。朱健曾为成祖迁都下一历史的地理的解释。他说：

自古建立都邑，率在北土，不止我朝，而我朝近敌为甚。且如汉袭秦旧都关中，匈奴入寇，烽火辄至甘泉。唐袭隋旧亦都关中，吐蕃入寇辄到渭桥，宋袭周旧都汴，西无灵、夏，北无燕、云，其去契丹界，直浃旬耳。景德之后，亦辄至澶渊。三治朝幅员善广矣，而定都若此者何？制敌便也。我朝定鼎燕京，东北去辽阳尚可数日，去渔阳百里耳。西北去云中尚可数日，去上谷亦

①章潢：《图书编》卷三三，《论北龙帝都垣》。

②顾炎武：《读史方舆纪要·北直方舆纪要序》。

仅倍渔阳耳。近敌便则常时封殖者尤勤，常时封殖则一日规画措置者尤亟，是故去敌之近，制敌之便，莫有如今日者也[①]。

建都北京的最大缺点是北边粮食不能自给，必须仰给东南。海运有风波之险，由内河漕运则或有时水涸，或被寇盗所阻，稍有意外，便成问题，朱健说：

今国家燕都可谓百二山河，天府之国。但其间有少不便者，漕粟仰给东南，而运河自江而淮而黄，自黄而后自汶而卫，盈盈衣带，不绝如线，河流一涸，则西北之腹尽枵矣。元时亦输粟以供上都，其后兼行海运。然当群雄干命之时，烽烟四起，运道梗绝，惟有束手就困，此京师之第一当虑者也[②]。

要解决这两个困难，则第一必须大治河道，第二必须仍驻重兵于南京，镇压东南。成祖初年转漕东南，水陆兼挽，仍无人之旧，参用海运。而海运多险，陆运亦劳费不赀。永乐九年（1411）命宋礼开会通河。永乐十三年（1415）陈瑄凿清江浦，通北京漕

①朱健：《古今治平略》。

②朱健：《古今治平略》。

运，由运河直达通州，而海陆运俱废。[①] 运粮官军十二万人，由漕运总兵及总督统之。[②] 十九年（1421）迁都北京后，以南京为留都，仍设五府六部官，并设南京守备，掌一切留守防护之事，节制南京诸卫所。[③]

永乐元年（1403）以北平为北京。永乐四年（1406）诏以明年五月建北京宫殿。永乐十八年（1420）北京郊庙宫殿成，诏以北京为京师，不称行在。[④] 在实际上，自永乐七年（1409）以后，成祖多驻北京，以皇太子在南京监国。自丘福征本雅失里汗败死后，成祖五入漠北亲征。[⑤]自永乐十五年（1417）北巡以后，即不再南返。南京在事实上，从永乐七年（1409）成祖北巡以后，即已失去政治上的地位，永乐十九年（1421）始正式改为陪都。

迁都之举，当时有一部分人不了解成祖的用心，力持反对论调。《明史》记：

---

①参见《明史》卷八五，《河渠志》。

②参见《明史》卷七九，《食货志》。

③参见《明史》卷八九，《兵志》。

④参见《明通鉴》卷一七。

⑤参见《明史》卷五至卷六，《成祖本纪》。

三殿灾，诏求直言。群压多言都北京非便。帝怒，杀主事萧仪，曰："方迁都时，与大臣密计，久而后定，非轻举也。"①

仁宗（1424—1425）即位后，胡濙从经济的立场，"力言建都北京非便，请还南都，省南北转运供亿之烦"②。胡濙是武进人，为南方士大夫的领袖，他的意见可说是代表南方人民的舆论，政府于是又定计还都南京，洪熙元年（1425）三月诏北京诸司悉称行在。五月仁宗崩，迁都之计遂又搁置不行。③一直到英宗正统六年（1441），北京三殿两宫都已告成，才决定定都北京，诏文武诸司不称行在，以南京为陪都。④

成祖北迁以后，北京三面临敌，边防大重。东起鸭绿，西抵嘉峪，绵亘万里，分地守御。初设辽东、宣府、大同、延绥四镇，继设宁夏、甘肃、蓟州三镇，又加上太原、固原，是为九边。⑤每边各设重兵，统以大将，副以偏裨，监以宪臣，镇以开府，联以总督，无事则画地防守，有事则犄角为援。[6]失策的是即位后，

①《明史》卷一四九，《夏原吉传》。

②《明史》卷一六九，《胡濙传》。

③参见《明史》卷八，《仁宗本纪》。

④参见《明史》卷一〇，《英宗前纪》。

⑤参见《明史》卷九一，《兵志》。

⑥参见黄道周：《博物典汇》卷一九，《九边》。

即徙封宁王于江西，把大宁一带地[①]送给从征有功的朵颜三卫，三卫的占地，大致上从古北口到山海关隶朵颜卫，自广宁前屯卫西至广宁镇白云山隶泰宁卫，自白云山以北到开原隶福余卫。从此幽燕东北之险，中国与蒙鞑共之，胡马疾驰半日可到阙下。辽东、广宁、锦、义等城从此和宣府、怀来隔断悬绝，声不相连。[②]又以东胜[③]孤远难守，调左卫于永平，右卫于遵化，而墟其地。[④]兴和[⑤]为阿鲁台所攻，徙治宣府卫城而所地又虚。[⑥]开平[⑦]为元故都，地处极边，西接兴和而达东胜，东西千里，最为要塞。从弃大宁后，宣府和辽东隔绝，开平失援，胡虏出没，饷道艰难，宣德五年（1430）从薛禄议，弃开平，徙卫于独石。[⑧]后来“三岔河弃而辽东悚，河套弃而陕右警，西河弃而甘州危”[⑨]。国防

---

①今辽宁省平泉、内蒙古自治区赤峰等地。

②参见严从简：《殊域周咨录》卷一六，《鞑靼》。

③今内蒙古自治区托克托县及茂明安之地。

④参见《明史》卷九一，《兵志》。

⑤元兴和路，自今张家口以北至内蒙古苏尼特旗皆其境。洪武三年（1370年）为府，后废。洪武三十年（1397年）置兴和守御千户所。今河北省张北县治即兴和故城。

⑥参见《明史》卷四〇，《地理志·京师》。

⑦在今内蒙古自治区多伦县地。

⑧参见《明史》卷四〇，《地理志》；《殊域周咨录》卷一七，《鞑靼》；方孔炤：《全边略记》卷三，《宣府略》。

⑨《博物典汇》卷一九。

遂不可问。初期国力尚强，对付外敌的方法，是以攻为守，太祖、成祖、宣宗三朝并大举北征，以兵力逼蒙古人远遁，使之不敢近塞。英宗以后，国力渐衰，于是只以守险为上策，坐待敌来，长城以北诸要塞尽弃不守，只靠长城来挡住胡骑，而边警由之日亟。英宗正统十四年（1449）瓦剌也先入寇围北京。世宗嘉靖二十九年（1550）鞑靼俺答入寇薄都城。这两次的外寇，都因都城兵力厚，不能得志，焚掠近畿而去。思宗崇祯十七年（1644）流寇李自成北犯，宣府和居庸的守臣都开门揖敌，遂长驱进围北京，太监曹化淳又开门迎人，北都遂亡。由此看来，假如明成祖当时不迁都北京，自以身当敌冲，也许在前两次蒙古人入犯时，黄河以北，已不可守，宋人南渡之祸，又要重演一次了。

灰色地带的皇权与官僚

一、共治童话：皇权下的绅权

（一）论皇权[①]

谁在治天下

在论社会结构里所指的皇权，照我的理解应该是治权。历史上的治权不是由于人民的同意委托，而是由于凭借武力的攫权、独占。也许我所用的“历史”两个字有语病，率直一点说，应该修正为“今天以前”。我的意思是说，在今天以前，任何朝代任何形式的治权，都是片面形式的，绝对没有经过人民的任何形式的同意。

假如把治权的形式分期来说明，秦以前是贵族专政，秦以后是皇帝独裁，最近几十年是军阀独裁。“皇权”这一名词的应用，限于第二时期，时间的意义是从公元前221年到1911年，

①原载《观察》第4卷第6期，1948年4月3日。

有 2100 多年的历史。

皇权是今天以前治权形式的一种，统治人民的时间最长，所加于人民的祸害最久，阻碍社会进展的影响最大，离今天最近，因之，在现实社会里，自觉的或不自觉的毒素中得也最深。例子多得很，袁世凯不是在临死以前，还要过八十三天的皇帝瘾吗？溥仪不是在逊位之后，还在宫中做他的皇帝，后来又跑到东北，在日本卵翼之下，建立伪满洲国，做了几年康德皇帝吗？不是一直到今天，乡下人还在盼望真命天子坐龙庭，少数的城里人也还在想步袁世凯的覆辙吗？

在封建的宗法制度下，无论是贵族专政，是皇帝独裁，是军阀独裁，都是以家族作单位来统治的，都是以血统的关系来决定继承的原则的。一家的家长（宗主）是统治权的代表人，这一家族的荣辱升沉，废兴成败，一切的命运决定于这一个代表人的成败。在隋代有一个笑话，说是某地的一个地主，想做皇帝，招兵买马，穿了龙袍，占了一两个城市，战败被俘，在临刑时，监斩官问他，你父亲呢？说太上皇蒙尘在外。兄弟呢？征东将军死于乱军之中，征西将军不知下落。他的老婆在旁骂："都是这张嘴，闹到如此下场！"他说："皇后，崩即崩耳，世上岂有万年天子？"说完伸脖子挨刀，倒也慷慨。这一个历史故事指出为了做几天、做一两个城市的皇帝，有人愿意付出一家子生命的代价。为了这一家子的皇权迷恋，又不知道有几百千家被毁灭、被屠杀。

“成则为王，败则为寇。”流氓刘邦，强盗朱温，流氓兼强盗的朱元璋，做了皇帝，建立皇朝以后，史书上不都是太祖高皇帝吗？谥法不都是圣神文武钦明启运俊德成功，或者类此的极人类好德性的字眼吗？黄巢、李自成呢？失败了。是盗、是贼、是匪、是寇，尽管他们也做过皇帝。旧史家是势利的。不过也说明了一点，在旧史家的传统概念里，军事的成败决定皇权的兴废，这一点是无可置疑的。

皇帝执行片面的治权，他代表着家族的利益，但是，并不代表家族执行统治。换言之，这个治权，不但就被治者说是片面强制的，即就治者集团说，也是独占的、片面的。即使是皇后、皇太子、皇兄皇弟，甚至太上皇、太上皇后，就对皇帝的政治地位而论，都是臣民，对于如何统治是不许参加意见的；一句话，在家庭里，皇帝也是独裁者。正面的例子，如刘邦做了皇帝，他老太爷依然是平民，叨了人的教，让刘邦想起，才尊为太上皇，除了过舒服日子以外，什么事也管不着。反面的例子，石虎的几个儿子过问政事，一个个被石虎所杀。李唐创业是李世民的功劳，虽然捧他父亲李渊做了些年皇帝，末了还是来一手逼宫，杀兄屠弟，硬把老头子挤下宝座。又如武则天要做皇帝，杀儿子，杀本家，一点也不容情。宋朝的基业是赵匡胤打的，兄弟赵匡义也有功劳，赵匡胤做皇帝年代太久了，“烛影斧声”，赵匡义以弟继兄。后来赵匡胤的长子德昭，在北征后请皇帝行赏，也只是一个建议而已，赵匡义大怒说，等你做皇帝，爱怎么办就怎么办！一句话逼得德昭只好自杀。从这些例子，可以充分说明皇权的独占性和片面性。权力的占有欲超越了家庭的感情，造成了无量数骨肉相残的史例。

皇帝不和他的家人共治天下，那么，到底和谁共治呢？有一个著名的故事，可以答复这个问题，和皇帝治天下的是士大夫。故事的出处是宋李焘《续资治通鉴长编》卷二二一。

熙宁四年（1071）三月戊子，上召二府对资政殿，文彦博言："祖宗法制具在，不须更张，以失人心。"上曰："更张法制，于士大夫诚多不悦，然于百姓何所不便。"彦博曰："为与士大夫治天下，非与百姓治天下也。"上曰："士大夫岂尽以更张为非，亦自有以为当更张者。"

文彦博像

这故事的有意义，在于第一，辩论的两方都同意，皇权的运用是与士大夫治天下，非与百姓治天下。第二，文彦博所说的失人心，宋神宗承认是于士大夫诚多不悦，人心指的是士大夫的心。第三，文彦博再逼紧了，宋神宗就说士大夫也有赞成新法的，不是全体反对。总之，尽管双方对于如何巩固皇权——即保守的继承传统制度或改革的采用新政策——的方案有所歧异，但是，对于皇权是与士大夫治天下，皇权所代表的是士大夫的利益，决非百姓的利益，这一基本的看法是完全一致的。

那么，为什么皇帝不与家人治天下，反而与无血统关系的外姓人士大夫治天下呢？理由是家人即使是父子兄弟夫妇，假如与皇帝治天下的话，会危害到皇权的独占性、片面性，“太阿倒持”是万万不可以的。其次，士大夫是帮闲的一群，是食客，他们的利害和皇权是一致的，生杀予夺之权在皇帝之手，作耳目，做鹰犬，六辔在握，驱使自如，士大夫愿为皇权所用，又为什么不用？而且，可以马上得天下，不能以马上治天下，马上政府是不存在的。治天下得用官僚，官僚非士大夫不可，这道理不是极为明白吗？

士大夫治天下也就是社会结构里的绅权，这问题留在论绅权时再说。

皇权有约束吗？

皇权有没有被约束呢？费孝通先生说有两道防线，一道是无为政治，使皇权有权而无能。一道是绅权的缓冲，在限制皇权，使民间的愿望，能自下上达的作用上，绅权有他的重要性。（这条防线不但不普遍，而且不常是有效的。）于此，我们来讨论费孝通先生所指的第一道防线。

假如费先生所指的无为政治的意义，即是上文所引的文彦博的话："祖宗法制具在，不须更张。"因承祖先的办法，不求有利，但求无弊，保守传统的政治原则，我是可以同意的。或者如另一例子，《汉书·曹参传》说他从盖公学黄老治术，相齐九年，大称贤相，萧何死，代为相国，一切事务，无所变更，都照萧何的老办法做，择郡国吏谨厚长者作丞相史，有人劝他做事，就请其喝酒，醉了完事。汉惠帝怪他不治事，他就问："你可比你父亲强？"说："差多了。""那么，我跟萧何呢？""也似乎不如。"曹参说："好了。既然他俩都比我俩强，他俩定的法度，你，垂拱而治，少管闲事；我，照老规矩做，不是很好吗？"这是无为政治典型的著例。这种思想，一直到17世纪前期，像刘宗周、黄道周一类的官僚学者，还时时以"法祖"这一名词，来劝主子恪遵祖制。假如无为政治的定义是法祖，我也可以同意的。

成问题的是无为政治并不是使皇帝有权而无能的防线。

相反，无为政治在官僚方面说，是官僚做官的护身符，不求有功，但求无过，好官我自为之，民生利弊与我何干，因循、敷衍、颟顸、不负责任等等官僚作风，都从这一思想出发。一句话，无为政治即保守政治，农村社会的保守性、惰性，反映到现实政治，加上美丽的外衣，就是无为政治了。（关于这一点，无为政治和农业的关系，我在另一文章农业与政治上谈到。）

在皇帝方面说，历史上的政治术语是法祖。法祖的史例很多，一类如宋代的不杀士大夫，据说宋太祖立下遗嘱“不杀士大夫”。从太祖以后，大臣废逐，最重的是过岭，即谪戍到岭南去，没有像汉朝那样朝冠朝衣赴市，说杀就杀，不是下狱，就是强迫自裁。甚至如明代的夏言正刑西市。为什么宋代特别优礼士大夫呢？因为宋代皇帝是“与士大夫治天下”的缘故。一种例如明代的东西厂和锦衣卫，两个恐怖的特务机构，卫是明太祖创设的，厂则从明成祖开头，这两个机构作的孽太多了，配说祸“国”殃民（这个“国”严格的译文是皇权），反对的人很多，当然以士大夫为主体，因为士大夫也和平民一样，在厂卫的淫威之下战栗恐惧。可是在祖制的大帽子下，这两个机构始终废除不掉。到明代中期，士大夫们不得已而求其次，用祖制来打祖制，说是祖制提人（逮捕）必须有驾帖或精微批文（逮捕状），如今厂卫任意捉人，闹得人人自危，要求恢复祖制，捉人得凭驾帖；这样，两个祖制打了架，士大夫们在逻辑上已经放弃原来的立场，默认特务可以逮捕官民，只不过要有逮捕状罢了。前一例因为与士大夫治天下，所以优礼士大夫，政治上失宠失势的不下狱，不杀头，只是放逐到气候风土特别坏的地方，让他死在那里（宋代大臣过岭生还的是例外），从而争取士大夫的支持。后一例子，时代不同了，士大夫不再是伙计，而是奴才，要骂就骂，要打就打，廷杖啦、站笼啦、抽筋剥皮，诸般酷刑，应有尽有，明杀暗杀，情况不同，落特务之手，决无昭雪之望，祖制反而成为残杀士大夫的工具了。

从这类例子来看，无为政治——法祖并不是使皇权有权而无能的防线。

从另一方面看，祖先的办法，史例，有适合于提高或巩固皇权的，历代的皇帝往往以祖制的口实接受运用。反之，只要他愿意作什么，就不必管什么祖宗不祖宗了。例如要加收田赋，要打内战，要侵略边境弱小民族，要盖宫殿等等，一道诏书就行了。好像明武宗要南巡，士大夫们说不行，祖宗没有到南边去玩过，不听，集体请愿，大哭大闹，明武宗发了火，叫都跪在宫外，再一顿板子，死的死，伤的伤，无为政治不灵了，年轻皇帝还是到南边去大玩了一趟。

那么，除祖宗以外，有没有其他的制度或办法来约束或防止皇权的滥用呢？我过去曾经指出，第一有敬天的观念，皇帝在理论上是天子，人世上没有比他再富于威权的人，他做的事不会错，能指出他错的只有比他更高的上帝。上帝怎么来约束他的儿子呢？用天变来警告，例如日食、山崩、海啸，以及风、水、火灾、疫疠之类都是。从《洪范》发展到诸史的五行志，从董仲舒的学说发展到刘向的灾异论，天人合一，天灾和人事相适应，士大夫们就利用这个来作政治失态的警告。但是，这着棋是不灵的，天变由你变之，坏事还是要做，历史上虽然有在天变时，做皇帝的有易服避殿素食放囚，以至求直言的诸多记载，也只是宗教和政治合一的仪式而已，对实际政治是不能发生改变的。

第二是议的制度，有人以为两汉以来，国有大事，由群臣集议，博士儒生都可发表和政府当局相反的意见，以至明代的九卿集议，清代的王大臣集议，是庶政公之舆论，是皇权的约束。其实，并不如此。第一，参加集议的都是官僚，都是士大夫。第二，官高的发言的力量愈大。第三，集议的正反结论，最后还是取决于皇帝个人。第四，议只是皇权逃避责任的一种制度，例如清代雍正帝要杀他的兄弟，怕人说闲话，提出罪状叫王大臣集议，目的达到了，杀兄弟的道德责任由王大臣集议而减轻。由此，与其说这制度是约束皇权的，毋宁说它是巩固皇权的工具。

此外，如隋唐以来的门下封驳制度、台谏制度，在官僚机构里，用官僚代表对皇帝诏令的同意副署，来完成防止皇权滥用的现象，一切皇帝的命令都必需经过中书起草，门下审核封驳，尚书施行的连锁行政制度，只存在于政治理论上，存在于个别事例上。所谓“不经凤阁鸾台，何谓为敕？”诏令不经过中书、门下的，不发生法律效力。可是，说这话的人，指斥这手令（墨敕斜封）政治的人，就被这个手令所杀死，不正是对这个制度的现实讽刺吗？又如谏官，职务是对人主谏诤过举，听不听是绝无保证的，传说中龙逢、比干谏而死，是不受谏的例，史书上的魏征、包拯直言进谏，英明的君主如唐太宗、宋仁宗明白谏官的用意是为他好，有受谏的美名，其实，不受谏的史例更多。谏诤的目的在于维护政权的持续，说是忠君爱主，其实也就是爱自己的官位财产，因为假如这个皇权垮了，他们这一集团的士大夫也必然同归于尽也。

从上文的说明，所得到的结论，皇权的防线是不存在的。虽然在理论上，在制度上，曾经有过一套以巩固皇权为目的的约束办法，但是，都没有绝对的约束力量。

假如从另一角度来看，上文所说的这一些，也许正是费孝通先生所说的绅权的缓冲。不同的是我所指的这一些并不代表民间的愿望，至多只能说是士大夫的愿望，其方向也不是由下而上的，而是皇权运用的一面。这些约束不但不普遍，而且是常常无效的。

（二）论绅权[①]

“绅权固当务之急矣！”

前几天，读到胡绳先生的《梁启超及其保皇党思想》（《读

①原载《时与文》第3卷第1期，1948年4月。

书与出版》第三卷第三期）。他指出梁启超是主张“兴绅权”的人，以兴绅权为兴民权的前提：

受“甲午之战”失败的刺激，又受“维新运动”宣传的影响，湖南省出现了一批新的绅士，他们企图以一省为单位实行一些新政，达到省自治的目的，以便在全国危亡时，一省还可自保。这样的想法在当时各省的绅士门阀中都有，不过在湖南，因地方长官同情卵翼这些想法，所以特别发达。梁启超入湘后，除办时务学堂外，又和当地绅士合组南学会。康有为这时仍全神贯注于向皇帝上书，而梁启超则展开了在湖南绅士中的工作。他甚至鼓吹“民权”，但他说的却是：“欲兴民权，宜先兴绅权；欲兴绅权，宜以学会为之起点。”又说：“绅权固当务之急矣，然他日办一切事舍官莫属也。即今日欲开民智，开绅智，欲假手于官力者尚不知凡几也。”（《上陈宝箴书》）——由此可见，他的想法是在官僚的支持下建立地方绅士的权力，这就是他的“民权”思想。

这一段话不但清理出五十年前梁启超的绅权论，也指出五十年前一般绅士对救亡维新的看法。其要在“欲兴民权，宜先兴绅权（开绅智）；欲兴绅权，宜以学会为之起点”。结论是学会为兴民权之起点的起点，而办这些事，欲假手于官力者不知凡几也。

梁启超先生本人是当时的绅士，他看绅权和民权是两件事，绅权和官权则是一件事，无论就历史的或现实的意义说，都是正确的。

五十年前的保皇党，五十年后的自由主义者，何其相似到这步田地？历史是不会重演的，绅权也无从兴起，即使有更多的“援”，更多的“货”，也还是不相干！

“为与士大夫治天下”

官僚、士大夫、绅士，是异名同体的政治动物，士大夫是综合名词，包括官僚、绅士两专名。官僚、绅士必然是士大夫，士大夫可以指官僚说，也可以指绅士说。官僚是士大夫在官时候的称呼，而绅士则是官僚离职、退休、居乡（当然居城也可以），以至未任官以前的称呼。例如梁启超以举人身份，在办学堂，办报，办学会，非官非民，可以做官，或将要做官。而且，已经脱离了平民身份，经常和官府来往，可以和官府合作。

绅士的身份是可变的，有尚未做官的绅士，有做过多年官的绅士，也有做过了官的绅士，免职退休，不甘寂寞，再去做官的。做过大官的是大绅士，做过小官的是小绅士，小官可以爬到大官，小绅士也有希望升成大绅士，自己即使官运不亨，还可指望下一代。不但官官相护，官绅也相护，不只因为是自己人，还有更复杂的体己利害关系。譬如绅士的父兄亲党在朝当权，即使不是权臣也是御史之类有弹劾权的官咧。更糟的是居乡的宰相公子公孙，甚至老太爷、老岳丈，一纸八行，可以摘掉地方官的印把子，这类人不一定做过官，甚至不一定中过举，一样是大绅士。至于秀才、举人、进士之类，眼前虽未做官，可是前程远大，十年八年内难保不作巡方御史，以至顶头上司，地方官是决不敢怠慢的。《儒林外史》上范进中举后的情形，便是绝好的例子。

以此，与其说，绅士和地方官合作，不如说地方官得和绅士合作。在通常的情形下，地方官到任以后的第一件事，是拜访绅士，联欢绅士，要求地方绅士的支持。历史上有许多例子指出，地方官巴结不好绅士，往往被绅士们合伙告掉，或者经由同乡京官用弹劾的方式把他罢免或调职。

官僚是和绅士共治地方的。绅权由官权的合作而相得益彰。

贪污是官僚的第一德性，官僚要如愿的发扬这德性，其起点为与绅士分润，地方自治事业如善堂、积谷、修路、造桥、兴学之类有利可图的，照例由绅士担任；属于非常事务的，如办乡团、救灾、赈饥、丈量土地、举办捐税一类，也非由绅士领导不可，负担归之平民，利益官绅合得。两皆欢喜，离任时的万民伞是可以预约的。

上面所说的地方自治事业，和现代所谓“自治”意义不同，不容混为一谈。而且，这类事业名义上是为百姓造福，实质上是为官僚绅士聚财，假使确曾有一丝丝利及平民的话，那也只是漏出来的涓滴而已。现代许多管税收的衙门墙上四个大字“涓滴归公”，正确的解释是只有一涓一滴归公，正和这个情形一样。

往上更推一层，绅士也和皇权共治天下。

绅权和皇权的关系，即士大夫的政治地位在历史上的变化，大体上可以分三个时期，第一时期从秦到唐，第二时期从五代到宋，第三时期从元到清。当然这只是大概的划分，并不包含有绝对的年代意义。

具体的先从君臣的礼貌来说吧，在宋以前，有三公坐而论道的说法，贾谊和汉文帝谈话，不觉膝之前席，可见都是坐着的。唐初的裴监甚至和高祖共坐御榻，十八学士在唐太宗面前也都还有坐处。可是到宋朝，便不然了，从太祖以后，大臣在皇帝面前无坐处，一坐群站，三公群卿立而论政了。到明清，不但不许坐，站着都不行，得跪着奏事了，清朝大官上朝得穿特制的护膝，怕跪久了吃不消。由坐而站而跪，说明了三个时期君臣的关系，也说明了绅权的逐步衰落和皇权的节节提高。

从形式再说到本质。

前一时期的典型例子是魏晋六朝的门阀制度。

汉代的若干世宦家族，如关西杨氏、汝南袁氏之类，四世三公，门生故吏遍天下，庄园遍布州县，奴仆数以千计，有雄厚的经济基础。在黄巾动乱时代，地方豪族如孙策、马超、许褚、张辽、曹操之类，为了保持土地和特殊权益，组织地主军队保卫乡里，造成力量，有部曲，有防区，小军阀投靠大军阀，三个大军阀三分天下，这两类家族也就占据高位，变成高级官僚了。大军阀做了皇帝，这些家族原是共建皇业的，利害共同，在九品中正的选举制度下，“上品无寒门，下品无势族”，大官位为这些家族所独占。东晋南渡，司马家和王、谢等家到了建康，东吴的旧族顾、陆、朱、张诸家虽然是本地高门，因为是亡国之余，就吃了亏，在政治地位上屈居第二等。这些高门世执国政，王、谢子弟更平步以至公卿，到刘裕以田舍翁称帝，陈霸先更是寒人，在世族眼光里，皇家只是暴发户，朝代尽管改换，好官我自为之。士大夫集团有其传统的政治社会经济以至文化地位，非皇权所能增损，绅权虽然在侍候皇权——因为皇帝有军队——目的在以皇权来发展绅权，支持绅权。经隋代两帝的有意摧残，取消九品中正制，取消长官辟举僚属办法，并设进士科，用公开的考试制度，以文字来代替血统任官，但是，文字教育还是要钱买的，大家族有优越的经济地位、人事关系，唐朝三百年的宰相，还是被二十个左右的家族所包办。

门阀制度下的绅权有历史的传统，有庄园的经济基础，有包办选举的工具，甚至有依门第高下任官的制度，有依族姓高下缔婚的风气，高门华阀成为一个利害共同的集团。并且，公卿子弟熟习典章制度，治国（办例行公事）也非他们不可。在这情形下，绅权是和皇权共存的，只有两方合作才能两利。而且，皇帝人人可做，只要有军力便行。士大夫却不然，寒人门役要成为士大夫，等于骆驼穿针孔，即使有皇帝手令帮忙，也还是办不到。何事非君，绅权可以侍候任何一姓的皇权，一个拥有大军的军阀，如得不到士大夫的支持，却做不了皇帝。

考试制度代替了门阀制度，真正发挥作用是10世纪的事。

经过甘露之祸，白马之祸，多数的著名家族被屠杀。经过长期的军阀混战，五代乱离，幸存的士族失去了庄园，流徙各地，到唐庄宗做皇帝，要选懂朝廷典故的旧族子弟做宰相都很不容易了。宋太祖太宗只好扩大进士科名额（唐代每科平均不过三十人，宋代多至千人）。用进士来治国，名额宽，考取容易，平民出身的进士在数量上压倒了残存的世族。进士一发榜即授官，进士出身的官僚绅士和皇权的关系是伙计和掌柜，掌柜要买卖做得好，得靠伙计卖劲，宋朝家法优礼士大夫，文彦博说为与士大夫共治天下，正是这个道理。

和前一时期不同的，前期的世族子弟有了庄园，才能中进士做官，再去扩大庄园。这时期呢，做了官再置庄园，名臣范仲淹置苏州义庄，派儿子讨租，讨得几船谷子便是好例子。

更应该注意的是印刷术发明了，得书比较容易，书籍的流通比较普遍，知识也比较不为少数家族所囤积独占，平民参加考试的机会增加了；“遗金满籝，不如教子一经”。念书，考进士，做官，发财，“万般皆下品，惟有读书高”。“天子重英豪，文章教尔曹”。政府的提倡，社会的鼓励，做官作绅士得从科举出身，竭一生的聪明才智去适应科举，“天下英雄入我彀中”，皇权永固，官爵恩泽，出于皇帝，士大夫不能不为皇帝所用，共存谈不上，共治也将就一下了。皇家是士大夫的衣食饭碗，非用全力支持不可，士大夫是皇家的管家干事，俸禄从优，有福同享，君臣间的距离不太近，也不太远，掌柜和伙计间的恩意是密切照顾到的。

从共存到共治已经江河日下了。元明清三代连共治也说不上，从合伙到做伙计，猛然一跌，跌作卖身的奴隶，绅权成为皇权的奴役了。

蒙古皇朝以马上得天下，也以马上治天下，军中将帅就是朝廷的官僚，军法施于朝堂，朝官一有过错，一顿棍子板子鞭子，挨不了被打死，侥幸活着照样做官。明太祖革了元朝的命，学会了这一套，殿廷杖责臣僚，叫作“廷杖”，在历史上大大有名。光打还不够，有现任官镣足办事的，有戴斩罪办事的。不但礼貌谈不上，连生命都时刻在死亡的威胁中。皇帝越威风，士大夫越下贱，要不做官吧，有官法硬给绑出去，非做不可，再不干，便违反了皇章，“士不为君用”，得杀头。君臣的关系一变而为主奴，说是主奴吧，连起码的主子对奴才的照顾也不存在的。前朝的旧家巨室被这个党案、那个逆案给扫荡光了，土地财产被没收。老绅士绝了种，用八股文所造成的新绅士来代替，新绅士是从奴化教育里成长的，不提反抗，连挨了打都是“恩谴”，削职充军，只要留住脑袋便感谢圣恩不尽，服服帖帖，比狗还听话。到清朝，旗人对皇帝自称奴才，汉官连自称奴才的资格也不够，不但见皇帝得跪，连见同事的王爷贝勒也得跪。到西方强国来侵掠，打了几次败仗，订结了多少次屈辱条约以后，皇权动摇，洋权日盛，对皇权的自卑被洋人所代替，结果是洋权控制了皇权，洋教育代替了八股，旧士大夫改装为知识分子以及自由主义者，出奴入主，要说说洋人所说的话，要听听国外的舆论，要做做外国人所示意的，在被谴责被训斥之后，还得赔笑脸，以兴绅权为兴民权之起点，办报纸，立学会，假手于官力，为自己找“新路”，这些绅士除了服装以外，面貌是和五十年前那些人一模一样的。

绅权在历史上的三变，从共存到共治，降而为奴役，真是一代不如一代。历史说明了两千年来绅权的没落和必然的淘汰。梁启超的时代过去了，我们今天来研究这一五十年前被提出的课题，不但很有趣，也是很重要的。

关于历史上绅士所享受的特权，将在另一文中讨论。

（三）再论绅权[1]

士庶之别

唐代柳芳论魏晋以来的士族——绅士家族——在政治上的特权说：

> 魏氏立九品，置中正，尊世胄（世代做官的），卑寒士（祖先不曾做过官的），权归右姓（大家族）已。其州大中正、主簿，郡中正、功曹，皆取著姓士族为之，以定门胄，品藻人物，其别贵贱，分士庶，不可易也。[2]

士族的成立是由世代做官而来的，凡三世有三公的称为膏粱，有尚书、中书令仆（射）的为华腴，祖先做过领（军）、护（军）而上的为甲姓，九卿和方伯的为乙姓，散骑常侍、大中大夫的为丙姓，吏部正员郎为丁姓，统称四姓，也叫右族。

就个别的绅士家族而论，士族南渡的为侨姓，王、谢、袁、萧是大族；东南土著叫吴姓，朱、张、顾、陆最大；山东为郡姓，王、崔、卢、李、郑是大族；关中的郡姓以韦、裴、柳、薛、

---

①原载《时与文》第3卷第9期，1948年6月。

②《新唐书》卷一九九，《柳冲传》。

杨、杜最著名；代北为虏姓，如元、长孙、宇文、于、陆、源、窦等家族都是。从4世纪到10世纪大约七百年间，中国的政治舞台被这三十个左右的绅士家族所独占。

明　陈洪绶　晋爵图卷局部

士族子弟做官依族姓门第高下，有一定的出身，甲族子弟二十岁便任官。后门则须满三十岁才能考试做小官。[①]名家有国封的，初出仕便拜员外散骑侍郎。[②]谢景仁到三十岁才做著作佐郎，有人替他抱屈说，司马庶人父子怎么能不垮？谢景仁这样人三十岁才做这个官！[③]甚至同一家族，还分高下，王家有乌衣诸王和马粪诸王两支，马粪王是甲族，甲族是不做台宪官的；王僧虔作御史中丞，自己解嘲说，这是乌衣诸郎的坐处，我将

①参见《南史》卷六，《梁武帝纪》。

②参见《南史》卷二〇，《谢弘微传》。

③参见《南史》卷一九，《谢景仁传》。

就坐一下。[1]至于做郎官的，那更是绝少的事。[2]

北魏孝文帝曾和廷臣辩论士庶任官的典制。

孝文帝问："近世高卑出身，各有常分，此果如何？"

李冲对："未审上古以来，张官列位，为膏粱子弟乎？为致治乎？"

孝文帝："当然是为致治。"

李冲："然则陛下何为专取门品，不拔才能乎？"

孝文帝："苟有过人之才，不患不知。然君子之门，借使无当世之用，要自德行纯笃，朕故用之。"

李冲："傅说、吕望，岂可以门第得之？"

孝文帝："非常之人，旷世乃有一二耳。"

秘书令李彪："陛下若专取门第，不审鲁之三卿，孰若四科？"

著作佐郎韩显宗："陛下岂可以贵袭贵，以贱袭贱？"

孝文帝："必有高明卓然、出类拔萃者，朕亦不拘此制。"

不久，刘昶入朝。

孝文帝告诉刘昶：

或言唯能是寄，不必拘门，朕以为不尔。何者，清浊同流，

---

①参见《南史》卷二二，《王僧虔传》。

②参见《南史》卷二二，《王筠传》。

混齐一等，君子小人，名器无别，此殊为不可。我今八族以上，士人品第有九，九品之外，小人之官复有七等。若有其人，可起家为三公。正恐贤才难得，不可止为一人，浑我典制也。[1]

这段谈话说明士庶在政治上的相对地位，士是君子，是清流，是德行纯笃的。庶人呢，是小人，是浊流，是要不得的。要维持治权，就得分别士庶，使之高卑出身，各有常分。

其次，士族都是大地主，大庄园的占有者。大量土地的取得手段是兼并，官僚资本转变为土地资本。更重要的方式是无条件的占领，非私人的产业如山林湖沼，豪强的绅士径自封占，据为己有，这情形到处都是，皇权被损害了，严立法禁，不许绅士强占，可是绅士集团不理会，政府没办法，妥协了，采分赃精神，依官品立格，准许绅士有权按照官品高下封山占水，下面一段史料说明了5世纪中期的情形：

扬州刺史西阳王子尚上言：山湖之禁，虽有旧科，人俗相因，替而不奉，烒山封水，保为家利。自顷以来，颓弛日甚，富强者兼岭而占，贫弱者薪苏无托，至渔采之地，亦又如兹，斯实害人之深弊，为政所宜去绝，损失旧条，更申恒制。

---

①《资治通鉴》卷一四〇。

子尚是皇族，代表皇家利益要求重申禁令，政府当局根据壬辰诏书所立法制，占山护宅强盗律论，赃一丈以上皆弃市，尚书右丞羊希以为：

壬辰之制，其禁严刻，事既难遵，理与时弛，而占山封水，渐染复滋，更相因仍，便成先业，一朝顿去，易致怨嗟。今更刊革，立制五条：凡是山泽，先恒炊炉，养种竹木杂果为林芿，及陂湖江海鱼梁鳅鮆场，恒加功修作者，听不追夺。官品第一第二听占山三顷，第三、第四品二顷五十亩，第五、第六品二顷，第七、第八品一顷五十亩，第九品及百姓一顷，皆依定格，条上赀薄。若先已占山，不得更占，先占阙少，依限占足。若非前条旧业，一不得禁。有犯者水土一尺以上，并计赃依常盗律论。停除咸康二年壬辰之科。从之。[①]

即承认过去的封占为合法，并规定各官品的封占限额。皇权向绅权屈伏了，绅士由政治的独占侵入经济，享有封山占水的特权。此外，士族还有不服兵役的特权。[②]

---

①《南史》卷三六，《羊玄保传》。

②参见《南史》卷三四，《沈怀文传》。

士大夫和寒人

士族是一个特殊的阶级，不但严格讲求谱系阀阅、郡望房次、官位爵邑，来保证朝廷官位的占有，并且严格举行同阶层的通婚，用通婚来加强右族的团结。当时寒人要加入这个集团，比登天还难。随便举几个例子，如宋文帝时的要官秋当、周赳，不见礼于同官张敷，《南史》卷三十二《张敷传》：

敷迁正员中书郎，中书舍人秋当、周赳并管要务，与敷同省名家，欲诣之，赳曰：彼若不相容接，便不如勿往，讵可轻行？当曰：吾等并已员外郎矣，何忧不得共坐。敷先旁设二床，去壁三四尺。二客就席，敷呼左右曰：移我远客！赳等失色而去。

徐爰被拒交于王球、殷景仁：

中书舍人徐爰有宠于上，上尝命王球及殷景仁与之相知。球辞曰：士庶区别，国之章也，臣不敢奉诏。上改容谢焉。[①]

蔡兴宗不礼王道隆，王昙首见秋当不命坐，王球拒接弘兴宗：

---

①《南史》卷二三，《王球传》。

齐明帝崩，右军将军王道隆任参国政，权重一时，蹑履到兴宗前，不敢就席，良久方去，竟不呼坐。元嘉初中书舍人秋当诣太子詹事王昙首不敢坐。其后中书舍人弘兴宗为文帝所爱遇，上谓曰：卿欲作士人，得就王球坐，乃当判耳。殷、刘并杂，无所益也。若往诣球，可称旨就席。及至，球举扇曰：君不得尔！弘还，依事启闻。帝曰：我便无如此何！①

纪僧真要作士大夫，被拒于江敩：

永明七年（489）侍中江敩为都官尚书。中书舍人纪僧真得幸于上，容表有士风。请于上曰：臣出于本县武吏（《南史》作臣小人出自本县武吏），遭逢圣时，阶荣至此，为儿昏得荀昭光女，即间无所复须。唯就陛下乞作士大夫。上曰：此由江敩谢沦，我不得措意，可自诣之。僧真承旨诣敩，（登榻）坐定，敩便命左右曰：移吾床远客。僧真丧气而退，告武帝曰：士大夫故非天子所命。②

南朝中书舍人关谳表启，发署诏敕，为天子亲信，权倾天下，

---

①《南史》卷二九，《蔡兴宗传》。

②《资治通鉴》卷一三六；《南史》卷三六，《江敩传》。

最是一时要官。历来多用寒人武吏。[1]虽然地要权重，有的还承皇帝特敕，要求和士大夫交游，可是，都被拒绝了，士庶不但有别，而且，士族深闭固拒，绝对不给寒人以礼貌，更不必说准许寒人参加士大夫集团了。

在朝廷如此，在地方也是一样，最著名的例子是庾荜父子，庾荜拒邓元起做州从事：

荜为荆州别驾。初梁州人益州刺史邓元起功勋甚著，名地卑琐，愿名挂士流。时始兴忠武王憺为州将，元起位已高，而解巾不先州官，则不为乡里所悉。元起乞上籍出身州从事，憺命荜用之，荜不从，憺大怒，召荜责之曰：元起已经我府，卿何为苟惜从事？荜曰：府是尊府，州是荜州，宜须品藻。憺不能折，遂止。

庾乔又拒范兴话做州主簿：

乔复仕为荆州别驾。时元帝为荆州刺史，而州人范兴话以寒贱仕叨九流，选为州主簿，又皇太子及之，故元帝勒乔听兴话到职。及属元日，州府朝贺，乔不肯就列，曰：庾乔忝为端右，

①参见《南史》卷六〇，《傅昭传》卷七七，《恩幸传序》。

不能与小人范兴话为雁行。元帝闻，乃进乔而停兴话。兴话羞惭，还家愤卒。[1]

寒人处处碰壁，被摈于士大夫集团之外，只有两条路可走，一条是以才力得主知，挤到要地，做要官，却做不了大官、清流官。一条路是从军，用战功用武力来抢地盘，进一步抢政权，篡位做皇帝，如刘裕和陈霸先，前者是田舍翁，后者是寒人，便是著例。

寒人被抑勒出清流之外，和寒人有同样情况，庶人中的工商，凭借雄厚的财力，操奇计赢，长袖善舞，要进一步保障既得利益，和发展业务，也用尽一切手段，挤进政治舞台来了。绅士们感觉威胁，一致抗拒，运用政治权力，限制工商出仕，抑勒工商不入流品，工商任官的只能任低级官。如477年的法令：

北魏太和元年，诏曰：工商皂隶，各有厥分，而有司纵滥，或染流俗（流俗，《北史》作清流）。自今户内有工役者，官止本部丞，若有勋劳者，不从此制。[2]

---

①《南史》卷四九，《庾荜传》。

②《资治通鉴》卷一三四。

到隋文帝开皇十六年（596）更下诏制定，工商不得仕进。[①]唐制工商杂类不得预于仕伍，“依选举令：官人身与同居大功以上亲，自执工商，家专其业者不得仕。其旧经职任，因此解黜，后能修改，必有事业者，三年以后听仕。其三年外仍不修改者，追毁告身，即依庶人例”。则不但工商不能入仕，连已入仕的官人同居大功以上亲也不许经营工商业了。

一千年后的绅权

隋唐以降，门阀被摧毁了，士族在社会大动荡中逐渐式微了。李唐时代的二十个左右大家族已经不完全是六朝时代的三十家族，到宋代这些家族都听不见说起了。考试制度代替了门阀制度，新官僚代替了旧官僚。[②]

虽然如此，前代士族的特权仍然遗留给后代的新绅士。绅士的本质变了，绅权并没有什么大变。试举明代的例子来作对照。

明代士庶两阶级的分别，从大明律名例条关于文武官犯私罪一款最清楚。这条例规定：“文武官职，举人，监生，生员，冠带官，义官，知印，承差，阴阳生，医生，但有职役者，犯

①《资治通鉴》卷一七八。

②参见《旧唐书》卷四八，《食货志》上；卷四三，《职官志》。《唐律疏议》卷四，《诈伪》。

赃犯奸，并一应行止有亏，具发为民。”发为民就是褫夺绅士所享的特权。

绅士最重要的特权是免役，关于见任官的免役，洪武十年（1377）二月特降诏令说：

> 食禄之家，与庶民贵贱有等。趋事执役以奉上者，庶民之事。若贤人君子，既贵其身而复役其家，则君子野人无所分别，非劝士待贤之道。自今百司见任官员之家，有田土者输租税外，悉免其徭役，著为令。[①]

见任官是做官的本人，见任官的父兄子弟则是乡绅。两年后又令“自今内外官致仕还乡者，复其家终身无所与”则不但见任官，连退休官也享有免役权了。嘉靖二十四年（1545）规定，京官一品免三十丁，二品二十四丁，至九品免六丁，外官各减一半。[②]不但见任或退休官员，连学校生员除本身外，也免户内差徭二丁。[③]明代的里役最为人民所苦，有二十亩产业的中农，

---

①《明太祖实录》卷一一一。

②《皇明太学志》卷二。

③《大明会典》卷七八，《学校》。

要是不出一个秀才，一轮到值役，便立刻破产。[①] 里役有里长、甲长两种，十年轮值一次，原则上是由殷户充当的，殷户中最殷实的是绅士，绅士不服里役，负担便全部转嫁给平民了。16 世纪末年，大概现年里役，得破费一百两银子，恰是中人的家当。至于一被签为南粮解户，即使是中小地主，也非破产不可。[②]以一般情形而论，大县有秀才千人以上，假定这县有十万顷田地，秀才占五万顷，余下的五万顷的地主就得当十万顷的差；秀才如占九万顷，余下的一万顷得当十万顷的差，一句话，地方上的绅士愈多，人民愈倒霉，绅士愈富，人民愈穷，贫富的对立也更尖锐。[③]

其次是豁免田赋，正德十六年（1521）的优免事例，规定京官三品以上免田四顷，五品以上三顷，七品以上二顷，九品以上一顷。嘉靖二十四年（1545）又改为京官一品免粮三十石，二品二十四石，到九品免粮六石，外官减半。[④] 生员无力完粮，可以奏销豁免。甚至可以于每月朔望到知县衙门恳准词十张，名为乞恩，包揽富户钱粮立于自名下隐吞，一年约摸有二百

①《温宝忠遗稿》卷五，《士民说》。

②刘宗周：《刘子文编》卷五，《责成巡方职掌疏》。

③参见顾炎武：《亭林文集》卷一，《生员论中》。

④参见《皇明太学志》卷二。

两银子，也够花销了。[①]

其次是居乡的礼貌，洪武十二年（1379）的诏令规定：“致仕官居乡里，惟于宗族序尊卑如家人礼。若筵宴则设别席，不许坐于无官者之下。如与同致仕者会则序爵，爵同序齿。其与异姓无官者相见，不必答礼。庶民则以官礼谒见，敢有凌侮者论如律，著为令。”[②]婚丧之家，招待绅士另辟一室名大宾堂，不和平民共起坐。出门坐大轿，扇盖引导，有的地方官还送门皂、吏书、承应。生员出门，也有门斗张油伞前导。[③]

畜养奴婢也是特权之一，明制庶民是不许存养奴婢的，《明律·户律》：“庶民之家存养奴婢者，杖一百，即放从良。”

法律所赋予的特权之外，还有法外的权力。把持官府，嘱托词讼，武断乡曲，封山占水，甚至杀人，无所不为，例子太多，不必列举。这一类非法权力的形成，赵南星有一解释：“乡官之中多大于守令者，是以乡官往往凌虐平民，肆行吞噬，有司稍稍禁戢，则明辱暗害，无所不至。”[④]以为守令官小，不敢得罪比他大的乡官。顾公燮以为是师生和同年的年谊作怪：“缙

①参见顾公燮：《消夏闲记摘钞》中。

②《明太祖实录》卷一二六。

③参见《消夏闲记摘钞》；徐学谟：《世庙识余录》卷二〇。

④《赵忠毅公文集》卷一三，《敬循职掌剖露良心疏》。

绅尤重师生年谊，平昔稍有睚眦，即嘱抚按访拿。甚至门下之人，遇有司对簿将刑，豪奴上禀主人呼唤，立即扶出，有司无可如何。其他细事虽理曲者，亦可以一帖弭之。”其实最主要的原因，还是皇权对绅权的有意宽容放纵，士大夫成为皇权的统治工具，只要不直接和皇权冲突，违反皇家的利益，动摇皇家的基础，区区凌虐剥削百姓的琐事，皇家是不会也不肯加以干预的。

一千年后的明代情形，和魏晋南北朝没有什么两样，理由是封建关系不变，绅权也不变。

（四）东林之争

东林党之争是明朝末年历史上的一个特征。

首先应该明确这样一个问题，历史上所谓党与我们今天所说的党是两回事，不能把历史上所说的党和今天的政党混同起来。历史上所说的党并没有什么组织形式，参加哪个党是没有任何形式的，既不要交党费，也没有组织生活，更没有党章和党纲。然而在历史上又确实叫做党。历史上所谓党是指的什么呢？是指政治见解大体相同的一些人的集团，也就是统治阶级内部某些人无形的组合。明朝的东林党，它的情况大致是这样：在江苏无锡有个书院叫东林书院，这是一所学校。当时有两个政府官员，叫顾宪成和顾允成，两兄弟在北京做官的时候，由于他们的政治见解与当时的当权人物相抵触，便辞官不做，回家后在东林书院讲学。他们很有学问，在地方上声望很高，为人也正派。这样，和他们意气相投的人跟他们的来往便越来越多了。不但在地方上，就是在北京，有一些官员跟他们的来往也比较多。他们以讲学为名，发表一些议论朝政的意见。

顾宪成像

这样，从万历二十二年（1594）开始，一直到明朝被推翻，前后五十年间，在明朝政治上形成了一批所谓东林党人，和另外一批反对东林党的非东林党人。非东林党人后来形成齐（山东）、楚（湖北）、浙（浙江）三派，与东林党争论不休。这五十年中间，在几件大事情上都有争论。你主张这样，他反对；他主张那样，你反对。举例来说，党争中最早的一个问题，就是所谓“京察”问题。“京察”这两个字大家都认识，但是不好懂。这是古代历史上的一种制度，就是政府的官员经过一定的时期要考核，相当于现在的考勤考绩。主持考勤考绩的是吏部尚书、吏部侍郎（相当于现在的内务部部长、副部长），他们主管文官的登记、资格审查、成绩考核及任免、升降、转调、俸给、奖恤等事。当时考取进士以后，有一部分进士就安排做科道官。科就是六科给事中，道就是十三道御史。六科就是按照六部（吏、户、礼、兵、刑、工）来分的。道是按照行政区划来设置的。当时全国有十三个布政使司，设了十三道御史，譬如浙江道有浙江道御史。科道官都是监察官，当时叫做“言官”。他们本身没有什么工作，只是监察别人的工作，提出赞成的或者反对的意见。他们的任务就是说活，所以叫“言官”。每次“京察”，吏部提出某些人称职，某些人不称职。1594年举行“京察”的时候，就发生了争论，这一部分人说这些人好，那一部分人说不好。凡是东林党人说好的，非东林党人一定说不好。争论中掺和了封建社会的乡里（同乡）关系。譬如齐、楚、浙就是乡里关系。不管这件事情正确不正确，只要是和我同乡的人，都是对的。还有一种同门的关系。所谓同门就是指同一个老师出身的。不管事情本身怎么样，只要跟我是同学，就都是对的。至于对亲戚、朋友则更不用说了。就在这样的封建关系组合之下，从1594年“京察”开始，一直争吵了五十年。

继“京察”问题之后，接着发生了“国本之争”。所谓“国本”就是国家的根本。我们今天说国家的根本就是人民，没有人民就没有国家。当时并没有这样的概念。那时候所谓“国本”是指皇帝的继承人问题。万历做了多年皇帝，按照过去的惯例，他应该立一个皇太子，以便他死后有一个法定的继承人。可是他不

明神宗朱翊钧像

喜欢他的大儿子，他所喜欢的是他的小老婆（郑贵妃）生的儿子福王（以后封在河南洛阳），所以他就迟迟不立太子。有些大臣就叫起来了，他们认为国家的根本很重要，也就是说第二代的皇帝很重要，应该早立太子。凡是提议立太子的，万历就不高兴，他说：我还活着，你们忙什么！这样，有人主张早立太子，有人反对立太子，争吵起来了，这就叫“国本之争”。

跟着又发生了一个案子叫“梃击案”。有一天早晨，突然有一个人跑到宫里来见人就打，一直打到万历的大儿子那里去了。当然，这个人马上被逮住了。可是这里发生了一个问题，是谁叫他到宫里来打万历的大儿子的？当时有人怀疑是郑贵妃指使的。这是宫廷问题，却成了当时政治上的一个大问题，引起了争吵，东林党与非东林党大吵特吵。

万历做了四十八年皇帝，死了。他的大儿子继位不到一个月又死了。怎么死的呢？搞不清楚。据说他在病的时候，有一个医生给他红丸药吃，吃了以后就死了。这样就发生了一个问题，这个皇帝是不是被毒死的？是谁把他毒死的？因此又发生了所谓“红丸案”。各个集团之间又争吵起来了。

正在争吵的时候，发生了另外一个问题：就是这个只做了个把月的皇帝死了以后，他的儿子继位，还没成年。这个短命皇帝有个妃子李选侍，她住在正宫里不肯搬出来。她有政治野心：想趁这个小孩做皇帝的机会把持朝政。这样，又发生了争论，有一些人出来骂她：你这个妃子怎么能霸着正宫？逼着她搬出去了。这个案件叫“移宫案”。京戏里有一出戏叫《二进宫》，就是反映这件事的，不过把时代改变了，把孙子的事情改成了祖父的事情。

“梃击”“红丸”“移宫”是当时三大案件，成为当时争论最激烈的事件。在这样的情况下，政治上出现了什么现象呢？每一件事情出来，这批人这样主张，那批人那样主张，争论不休，整天给皇帝写报告。到底谁对谁不对？从现在来看，东林党与非东林党之争，一般地说，道理在东林党方面。东林党的道理多，非东林党的道理少。但是，东林党是不是完全对呢？在某些问题上也不完全对。这样争来争去，争不出个是非来，结果只有争论，缺乏行动，许多政治上该办的事没人去管了。后来造成这种现象：某些正派的官员提出他的主张，这个主张一提出来，马上就有一批人来攻击他，他就不能办事，只好请求辞职。皇帝不知道这个人对不对，不作处理，把事情压下来。这个官既不能办事，辞职也辞不成，怎么办？干脆自己回家。他回家以后政府也不管，结果这个官就空着没人做。到万历后期政治纪律松懈到这样的地步：哪个官受了攻击就把官丢了回家，以至六部的很多部长都没人做了。万历皇帝到晚年根本不接见臣下，差不多一二十年不跟大臣见面，把自己关在宫廷里，什么事情也不管。大臣们有什么事情要跟他商量也见不着。政治腐化，纪律松懈，很多重要的问题得不到解决，却专搞无原则的纠纷。大是大非没人管了，成天纠缠在一些枝节问题上面。

这种无休止的争吵影响到一些重大的政治事件的发展。譬如日本侵略朝鲜，中国到底应不应该援助朝鲜，在这个问题上发生了争论。后来还是派兵去支援了朝鲜，第一个时期打了胜仗，收复了平壤。后来又派兵去，由于麻痹大意，打了败仗。打了败仗以后，政府里又发生争论了，主和派觉得和日本打仗没有必要，支援朝鲜意义不大，不如放弃军事办法，转而采取政治办法来解决问题。他们主张把丰臣秀吉封为日本国王，并答应和他做买卖。历史上封王叫做朝，做买卖叫做贡，所谓朝贡，说得通俗一点，就是你带些物资来卖给我，我给你一些物资作交换。在这种情况下，明朝政府只好一面按照主战派的主张，继续派兵援助朝鲜；一面派人暗中往来日本进行和议。后来明军与朝鲜军大败日本侵略军。日本愿和了。明朝政府便按照主和派撤兵议和的主张，允许议和。并派人到日本去办外交，封丰臣秀吉为国王。但日本国内本来已经有天皇，因此丰臣秀吉不接受王位，而且提出了很强硬的条件。结果外交失败了。日军重新侵略朝鲜。明朝政府只好再次出兵，最后打败了日军。由于追究外交失败的责任，又引起了争论。

这种影响在“封疆案”的问题上表现得更加明显。万历死后，东林党在政府做官的人越来越多了。这时北京有一个“首善书院”

（在北京宣武门内），在这里讲学的也是东林党人。这些人在政治上提出意见时，非东林党人就起来攻击，要封闭这个书院。东林党人当然反对封闭。这样吵了二三十年。这个争论最后演变成什么局面呢？当时万历皇帝的孙子熹宗（年号天启，是崇祯皇帝的哥哥）很年轻，不懂事，光贪玩。他宠信太监魏忠贤，军事、政治各个方面都是太监当家。一些地主阶级的知识分子由于在魏忠贤门下奔走而当了官。凡是属于魏忠贤这一派的，历史上称为“阉党”。阉党里面没有什么正派人。东林党是反对阉党的。因此，党争发展到这个时候，就变成了地主阶级的知识分子与宦官的斗争。这个斗争影响到东北的军事形势。在万历以前，东北的建州女真已经壮大起来了，不断进攻辽东，占领了许多城市。到天启时代，明朝防御建州女真的军事将领熊廷弼提出一系列的军事上和政治上的主张，他认为跟建州女真进行军事斗争时，明朝军队不能退回到山海关以内，而应该在山海关以东建立军事据点。

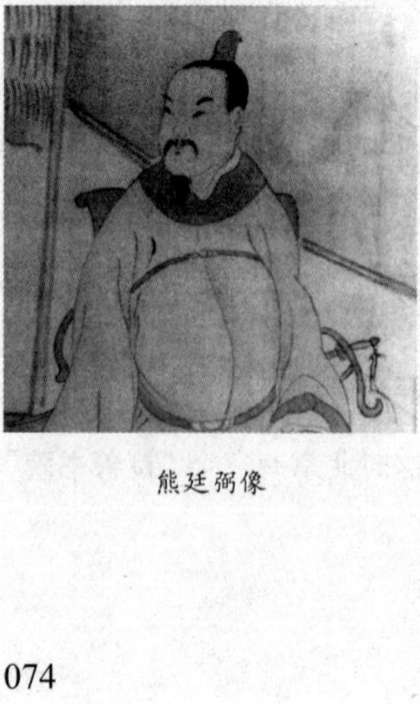

熊廷弼像

当时前方的另一个军事将领叫王化贞，他不同意这个意见，他认为只能依靠山海关来据守。熊廷弼虽然是统帅，地位比王化贞高，但是没有军事实权。而王化贞得到了魏忠贤的支持。这样，熊廷弼的正确意见因为得不到支持而不能贯彻，结果打了败仗，王化贞跑回来了，熊廷弼也跑回来了，山海关以东的很多地方都丢了。北京震动，面临着很严重的军事危机。在这种情况下又发生了有关“封疆案”的争论。当时追究这次失败的责任，到底是熊廷弼的责任，还是王化贞的责任？从当时的具体军事形势来看，熊廷弼是正确的，但他没有军队来支持。王化贞有十几万军队，坚持错误的主张，因此王化贞应该负责。但是因为熊廷弼得罪了很多人，结果把这个责任推到他身上，把他杀了。很显然，这样的争论和处理大大地影响了前方的军事形势。

“封疆案”以后，跟着就是魏忠贤对东林党人的屠杀。因为一些在朝的东林党人认为魏忠贤这样胡搞不行，就向皇帝写信控告他的罪恶。当时有杨涟等人列举了他的二十四条罪状。这些东林党人的行为得到了其他官员的支持。这样，东林党和阉党就面对面地斗争起来。由于魏忠贤军权在握，又指挥了特务，而东林党人缺乏这两样武器，结果大批的东林党人被杀。当时被杀的有杨涟、左光斗、周顺昌、黄尊素、缪昌期等。其中周顺昌在苏州很有声望，当特务逮捕他的时候，苏州的老百姓起来保护他。最后这次人民的斗争还是失败了，人民吃了苦头，周顺昌被带到北京杀害了。

熹宗死了以后，明朝最后的一个皇帝——崇祯皇帝比他哥哥清楚一点，他把魏忠贤这伙人收拾了，把一些阉党分子都杀

了（魏忠贤是自己上吊死的）。但是这场斗争是不是停止了呢？没有停止，东林党人跟魏忠贤的余孽在崇祯十七年（1644）

明思宗朱由检像

的时候还在继续斗争。崇祯五年（1632），一些东林党人的后代跟与东林党有关系的地方上的知识分子组织了一个团体，叫做“复社”，以后又有“几社”，有大批青年知识分子参加。表面上他们是以文会友，写文章，写诗，是学术研究组织，实际上有政治内容。大家可能看过《桃花扇》这出戏，这出戏里的侯朝宗、陈贞慧、吴应箕、冒辟疆四公子都是复社里面的人。当时李自成已经占领了北京，崇祯上吊死了。这个消息传到了南方，没有皇帝怎么办？这时一些阉党人物就想拥小福王（朱由崧）来做皇帝。原来万历把最喜欢的那个儿子福王（朱常洵）封在河南洛阳，这是老福王。这个人很坏，在他封到洛阳时，万历给他四万顷土地，河南的土地不够，还把邻省的土地也给他。老百姓都恨透了他。李自成进入洛阳以后，把老福王杀掉了。小福王朱由崧（这也不是个好东西）逃到南京。当时在南京掌握军事实权的是过去和魏忠贤有关系的阉党人物马士英，替他出主意的也是一个阉党分子，叫阮大铖，他们把小福王抓到手中，把他捧出来做皇帝。可是政府里面另外一批比较正派的人，像史可法、高弘图、姜日广等主张立潞王（常涝）做皇帝。这个人比较明白清楚。但马士英他们先走了一步，硬把福王捧出来做了皇帝。这样，在南京小朝廷里又发生了东林党与非东林党之争。因为马士英和阮大铖是当权的，史可法被排挤出去，去镇守扬州。在清军南下的时候，史可法坚决抵抗，在扬州牺牲了。马士英和阮大铖在南京搞得不像样，清军一步步逼近南京。这时候小福王在做什么呢？在跟阮大铖排戏。也就在这个时候，上面说的四公子就起来反对阮大铖，他们出布告，揭露阮大铖过去是魏忠贤的干儿子，名誉很不好，做了很多坏事，不能让他在政府里当权。号召大家起来反对他。南京国子监的学生也支持他们的主张，这样就形成一个学生运动。侯朝宗这些人虽然得到广大知识分子的支持，但是他们根本没有实力。而马士英、阮大铖有军事力量。结果有的人被逮捕了，有的人跑掉了。不久之后，清军占领南京，小福王的政权也就被消灭了。

党争从1594年开始，一直到1645年，始终没有停止过。无论是在政治问题上，还是在军事问题上，都争论不休。这种争论是什么性质的呢？这是地主阶级内部的矛盾。开始是东林党和齐、楚、浙三党之争，后来演变为东林党与阉党之争。由于东林党的主张在某些方面是有利于当时的生产的发展的，因此他们得到了人民的支持。但是反过来说，所有的东林党人都反对农民起义。这是他们的阶级本质决定的。譬如史可法这个历史人物，从他最后这段历史来说是应该肯定的。那时候，清军南下包围扬州，他的军事力量很薄弱，也得不到南京的支持，孤军据守扬州。但他宁肯牺牲不肯投降。这是有民族气节的人，也就是毛主席所说的有骨气。我们中国人是有骨气的，史可法就是这种有骨气的代表人物。但是他以前的历史就不好追究了。他以前干什么呢？镇压农民起义。在阶级斗争极为尖锐的时候，这些人的阶级立场是极为清楚的，反对农民起义，镇压农民起义。即使在他抗拒清军南下的时候，还要反对农民起义。有没有同情农民起义呢？没有。不可能要求统治者来同情被统治者的反抗。

对于这样一段党争的历史，要具体分析，具体研究。党争跟明朝的政治制度有关系。明太祖在洪武十三年（1380）取消了宰相，取消了中书省，搞了几个机要秘书到内廷来办事情。到明成祖时搞了个内阁，这是个政府机构。内阁的权力越来越大，代替了过去的宰相，虽然没有宰相之名，但是有宰相之实。至于给皇帝个人办事的有秘书，就是在宫廷里面设立一个机构，叫做“司礼监”。这是一个内廷机构，不是政府机构。司礼监有一个秉笔太监，皇帝要看什么政府报告，让秉笔太监先看；皇帝要下什么书面指示，也让秉笔太监起稿。皇帝年纪大一些、知识多一些的，还能辨别是非，是不是同意，他自己有主见。可是一些年轻的皇帝就搞不清楚，结果司礼监的秉笔太监就操纵政治，掌握了政权。因为用人和行政的权力都给了司礼监，结果形成了明朝后期的太监独裁。在明朝历史上有很多坏太监，像明英宗时代的王振，明武宗时代的刘瑾，天启时代的魏忠贤等。太监当家的结果，就造成了政府与内廷之争，也就是统治阶级内部地主阶级知识分子与太监争夺政权的斗争。明朝后期五十年的东林党之争就是在这样的背景之下进行的。

随着太监权力的扩大，不但中央被他们控制了，地方也被他们控制了。洪武十三年（1380）以后，地方上设有三司（都指挥使司、布政使司、按察使司）。三司是各自独立的，都受皇帝的直接指挥。到了永乐时代，当一个地区发生了军事行动，像农民起义或其他的群众斗争爆发的时候，这三个司往往意见不统一，各管各的。结果只好由中央政府派官员去管理这个地方的事。这个官叫巡抚。巡抚是政府官员，常常是由国防部副部长即兵部侍郎担任。巡抚出去巡视各个地方，事情完了就回来。可是由于到处发生农民战争和民族与民族之间的战争，这个官去了以后就回不来了，逐渐变成一个地方的常驻官了。因为巡抚是中央派去的，所以他的地位在三司之上。过去三司使是地方上最大的官，现在三司使上面又加了一个巡抚。但这能不能解决问题呢？还是不能解决问题。为什么呢？因为巡抚只能指挥这一个地区的军事行动，比如浙江的巡抚就只能管浙江这一个地方。可是遇到军事行动牵涉到几个省的时候，这个巡抚就不能管了。于是又派比巡抚更高的官，即派国防部长——兵部尚书出去作总督。总督管几个省或一个大省。有了总督之后，巡抚就变成第二等官了，三司的地位则更低了。可是到了明朝后期，总督也管不了事。为什么呢？因为战争扩大了，农民战争和辽东的战争往往牵涉到五六个省。五六个省就往往有五六个总督，谁也管不了谁。结果只好派大学士出去作督师。总督也归他管。这是一方面。另一方面，明朝为了镇压各地人民的反抗，就派军官到各地去镇守，叫做总兵官，也就是总指挥。统治者对总兵官不放心，怕他搞鬼，因此总是派一个太监去监督，叫做监军。哪个地方有总兵官，哪个地方就有监军。监军可以直接向皇帝写报告，因为他是皇帝直接派出去的。因此，不但总兵官要听他的话，就是像巡抚这一类的地方官也要听他的话。这样，就形成了中央和地方都是太监当家的局面，明朝的政治变成太监的政治了。此外，明朝的皇帝贪图享受，为了满足自己生活上的欲望，哪个地方收税多就派一个太监去，哪个地方有矿藏也派一个太监去，叫做“税使”“矿使”。全国的主要矿区，东北起辽东，西南到云南，以及武汉、苏州等大城市都有税使、矿使搜刮民脂民膏。这些太监很不讲道理，他们的任务就是弄钱。他们根本不懂得什么矿，更不懂得怎么开采，却要开矿。只要听说这个地方有金矿就要开，而且规定要在这里开三百两、五百两。如果开不出来怎么办？就要这个地方的老百姓来赔。老百姓要反抗，他就说你的房子下面有矿，把房子拆了开矿。收税也很厉害。苏州有很多机户，纺织工人数量很大。他们要加税，每一张织机要加多少钱。老百姓交不起就请愿。请愿也不行。结果就起来反抗，把太监打死，形成市民暴动。苏州市民暴动出了一个英雄人物，叫做葛贤。这个人后来被杀了。因为明朝政府要屠杀参加暴动的市民，他挺身出来顶住了。不仅在苏州，在武汉、辽宁、云南各个地方都发生了市民暴动。有的地方把太监赶跑了，有的地方把太监下面的人逮住杀了。市民暴动是明朝后期历史的一个特征。人民的生活日益困难，不但农民活不下去，城市工商业者也活不下去了，他们便起来反对暴政。

因此，当时一些比较有见解的政治家，就在政治上提出了一些主张。譬如大家知道的海瑞就是这样。他提出了什么主张呢？他做苏州巡抚，管理江苏全省和安徽一部分。这个地区的土地情况怎样呢？前面说到明朝初年土地比较分散，阶级斗争比较缓和。可是一百多年以后，情况改变了，土地全部集中在大地主、大官僚的手中，而且越来越集中。就在海瑞所管辖的地区松江府，出了一个宰相叫徐阶，他就是一个大地主，家里有二十万亩土地。土地都被大地主占有，

海瑞像

农民没有土地，只能逃亡。土地过分集中的结果，使农民活不下去，阶级矛盾越来越尖锐。海瑞看出了毛病，他想缓和这种情况。当然，他不能也不知道采取革命的手段。他采取什么办法呢？他认为要解决人民的生活问题，要使人民不去搞武装斗争反对政府，就必须使这些穷人有土地可种。土地从哪里来呢？土地都在大地主手里，而大地主所以取得这些土地，主要的手段是非法强占。因此他提出这样一个政治措施：要求他管辖地区内的大地主阶级，凡是强占的土地一律退还给老百姓，使老百姓多多少少有一些土地可以耕种，能够活下去。这样来缓和阶级矛盾。他坚决主张这种做法。这一来，大地主阶级就联合起来反对他，结果这个苏州巡抚只做了半年多就被大地主阶级赶跑了。海瑞的办法能不能解决当时的土地问题？当然不可能。把大地主阶级强占的一部分土地归还给老百姓能不能稍微缓和一下阶级矛盾呢？可以缓和一下。可是办不到，因为地主阶级不肯放弃他们已经到手的东西。海瑞是非失败不可的。类似海瑞这样的政治家当时还有没有呢？有的。他们也感到了阶级矛盾和阶级斗争的严重性，认为这个政权维持不下去。但是能不能提出一个解决的办法呢？谁也没有办法。不但统治阶级，就连农民起义的领袖也提不出解决的办法来。

阶级矛盾日益尖锐的结果，最后形成了明末的农民大起义。崇祯时代，各地方的农民都起来斗争，最后形成两支强大的军事力量，一支以李自成为首，一支以张献忠为首。他们有没有明确地提出解决阶级矛盾的办法呢？也没有。李自成后期曾经提出“迎闯王，不纳粮”的口号争取广大农民的支持，结果他的队伍一下子就发展到一百多万，农民、小手工业者、城市贫民都跟着他走。但是不纳粮也不能解决问题。现在有一个材料，就是山东有一个县，李自成曾经统治过那个地方，当时有人主张分田给百姓。分了没有呢？没有分。他提不出明确的办法，不但提不出消灭地主阶级的根本方针，甚至连孙中山那样的“平均地权”的办法也提不出。所以消灭封建剥削，消灭地主阶级这个根本问题，在古代历史上的任何时期都不能解决。不但地主阶级知识分子、官僚提不出解决办法，就是反对封建地主阶级的农民起义领袖也提不出解决的办法，这个问题只有在我们这个时代才能解决。我们研究过去的农民革命、农民起义时，不能把我们今天的思想意识强加于古人。我们这个时代能办到的事，不能希望古人也能办到。否则就是非历史主义的观点。目前史学界在有些问题上存在一些偏向，总希望把农民起义的领袖说得好一些，说得完满一些，不知不觉地把自己所理解的东西加在古人身上。这是不科学的、非马克思主义的观点。我们只能根据历史事实来理解、来解释、来研究和总结历史，而不可以采取别的办法。

附带讲一个小问题。前面提到巡按御史，到底巡按御史是个什么官？我们经常看京戏，很多京戏里都有这么一个官。所谓八府巡按，威风得很。他是干什么的呢？我们前面讲过御史，就是十三道御史，是按照行政区划设置的。每一道御史的职务就是监察他这个地区的官吏和政务。同时，中央有一个机构叫都察院。都察院的官吏叫左、右都御史，左、右都御史下面是左、右副都御史，左、右副都御史下面是左、右佥都御史，再下面就是御史和巡按御史。巡按御史是由都察院派出去检查地方工作的。凡是地方官有违法失职的，他们有权提出意见来。他们还可以监察司法工作，有的案子判得不正确，他们可以提出意见。老百姓申冤的，地方官那里不能解决问题，可以到巡按御史这里来告。这就是戏上八府巡按的来源。御史的官位大不大呢？不大，只是七品官。当时县官也是七品官。知识分子考上进士以后，有一批人就分配做御史。御史管的事情很少，可是在地方上有很高的职权。为什么呢？因为他代表中央，代表都察院，是皇帝的耳目之官。建立这样一种制度的目的是什么呢？目的是想通过巡按御史的监察工作，来缓和当时人民和政府之间的矛盾，解决一些问题。贪官污吏，提出来把他罢免；冤枉的案子帮助平反。于是老百姓对这样的官员寄予很大的希望，希望他们能帮助自己申冤。这种愿望，在当时的一些文学作品中得到了反映。虽然这些人在实际政治生活中并没有解决什么问题，但是一些文学家、艺术家在一定程度上反映了人民的要求，创作了许多这类题材的作品，特别是明清两代有很多剧本是反映这个思想的。这些作品大体上有这样一些共同的内容：一类是描写老百姓受了冤枉，被大地主、大官僚陷害，被关起来或者判处了死刑，最后一个巡按给他翻了案。或者是描写皇庄的庄头作威作福，不但庄田范围以内的佃农，就是庄田附近的老百姓也受他们的欺侮。姑娘被抢走了，家里面的东西被抢走了，后来遇上侠客打抱不平，或者清官出来把问题解决了。在明朝后期和清朝前期，有不少的小说、剧本是描写这些恶霸、庄头的残暴行为的。这是一类。另一类作品反映了当时知识分子的出路问题。当时的知识分子无非是通过考试中秀才、中举人、中进士。中了进士干什么呢？当巡按御史。因此有很多作品是这样的题材：一位公子遇难，在后花园里遇到一位小姐。小姐赠送他多少银子。以后上北京考上了进士，当上了八府巡按。最后夫妻团圆。这个时期的文学作品大体上有这几方面的题材，反映了这个时期的政治生活、阶级斗争的一些问题。

二、大屠杀、文字狱、特务网

（一）胡蓝党案

以朱元璋为首的淮西农民武装集团，在起事时是坚决反对当时占统治地位的蒙汉地主阶级的，但在取得胜利以后，便都转化为拥有大量土地、佃户的大地主，成为皇帝、国公、列侯，高官显爵，治理六千万臣民的封建统治阶级了。

洪武四年（1371）统计，韩国公李善长、魏国公徐达、郑国公常茂（常遇春的儿子）、曹国公李文忠、宋国公冯胜、卫国公邓愈六个国公和延安侯、吉安侯等二十八个侯，都拥有大量庄田，佃户凡三万八千一百九十四户。[①]

皇帝是淮人，丞相李善长、徐达和功臣汤和、耿君用、炳文父子、郭兴、郭英、周德兴、郑遇春、陆仲亨、曹震、张翼、陈桓、孙恪、谢成、李新、何福、张龙、张赫、胡泉、陈德、王志、唐胜宗、费聚、顾时、唐铎、马世熊，幕僚李梦庚、单安仁、郁新、郭景祥等都是凤阳人，其中汤和、周德兴还是朱元璋同村子的人。绝大部分公、侯和朝廷重要官员都是淮人。远在朱元璋初据集庆时，诗人贝琼的诗就说："两河兵合尽红巾，岂有桃源可避秦？马上短衣多楚客，城中高髻半淮人。"[②]淮水流域在春秋时是楚的地方，从这几句诗可以看出当时儒生、文人对"楚客""淮人"显赫一时的看法。到了朱元璋建国称帝以后，淮人在政治上、军事上、经济上越发占压倒的优势，非淮人被排挤、压抑，他们不甘心，也想尽一切办法取得朱元璋的信任，就这样，封建统治阶级内部展开了非淮人和淮西集团争权夺利的斗争，

---

①《明太祖实录》卷六八。

②《清江诗集》卷五，《秋思》。

矛盾越来越尖锐，朱元璋就利用这种矛盾，重用淮人而又运用非淮人来监视淮人，加强和巩固自己的权力。

功臣以血战立功封公侯，拥有部曲、义子和大量奴仆，他们又和各地卫所军官有过统率关系，在和平环境里，这种虽然数量不大的武装力量和袍泽关系，却有可能成为倾覆皇家统治的因素。

管理全国政事的机构中书省这个制度，是从元朝继承下来的。中书省丞相综理政务，职权很重。相权重了，皇帝的权力就相对地削弱了，朱元璋是个权力欲极强的人，凡事都要自己作主。但是有长期历史传统的丞相制度，却对皇帝的至高权力起了牵制作用。

贵族地主对人民的非法剥削，对皇朝赋役的隐蔽侵占；淮西集团对非淮人的排挤、打击；军事贵族可能发生叛变的威胁；相权和君权的矛盾，这些内部矛盾的因素随着国家机器的加强而日益发展，冲突日益严重，最后达到不可调和的地步。朱元璋倚靠中小地主的支持，运用检校和直接掌握的军队，采取流血手段，巩固了自己的政权。洪武十三年（1380）杀丞相胡惟庸，二十六年（1393）杀功臣蓝玉，胡惟庸和蓝玉的关联人犯被杀的称为胡党、蓝党，人数在四万人左右。

胡惟庸像

贵族地主侵犯人民和皇朝利益，破坏法纪的情况，是由来已久的。龙凤十年（1364）朱元璋就曾当面向徐达、常遇春等人说过："尔等从我起身，艰难成此功勋，匪朝夕所致。比闻尔等所蓄家僮，乃有恃势骄态，逾越礼法，小人无忌，不早惩治之，或生衅隙，宁不为其所累。"[1] 洪武二年（1369）："时武臣恃功骄态，得罪者渐众。"[2] 四年（1371）："时诸勋臣所赐公田庄佃，多倚势冒法，凌暴乡里，而诸勋臣亦不禁戢。"[3] 六年（1373）五月朱元璋以功臣多倚功犯法，奴仆杀人，隐匿不报，封建统治集团的核心破坏了皇朝的法纪，侵犯了人民和皇朝的利益，情况日益严重，只好采取内部约束的办法，特别命令工部制造铁榜，铸了申诫公侯的条令：

凡公侯之家强占官民山场、湖泊、茶园、芦荡及金银铜场、铁冶；

凡功臣之家管庄人等，倚势在乡欺殴人民；

凡功臣之家屯田佃户、管庄干办、火者、奴仆，及其他亲属人等，倚势凌民，夺侵田产财物者；

---

① 《明通鉴前编》卷三。

② 《明通鉴》卷二。

③ 《明太祖实录》卷七〇。

凡公侯之家除赐定仪仗户及佃田人户，已有名额报籍在官，敢有私托门下、影蔽差徭者；

凡公侯之家，倚恃权豪，欺压良善，虚钱实契，侵夺人田地房屋孳畜者；

凡功臣之家受诸人田土，及朦胧投献物业。

逐项规定了处罚和处刑的法律。[①]其中公侯家人倚势凌人，夺侵田产财物，和私托门下，影蔽差徭都处斩罪。很清楚，前者破坏了皇朝的保护私有财产的法纪，后者破坏了皇朝的徭役政策，都是非严厉制裁不可的。从朱元璋必须制定专门法律条例来约束淮西集团的公侯功臣和他们的管庄人等，说明了铁榜所列举的罪状已经是带有普遍性和严重性，也说明了朱元璋和这个集团的首脑人物，尽管在过去同生死，共患难，但并不是铁板一块，而是随着内部矛盾的产生、滋长、发展，逐步走到了对立面。具体事例如汤和的姑夫隐瞒常州的田土，为朱元璋所杀。[②]立铁榜以后，蓝玉专恣暴横，蓄庄奴假子数千人，出入乘势渔猎。尝占东昌民田，百姓向御史告状，御史依法提审，蓝

---

①《明太祖实录》卷七四。

②刘辰：《国初事迹》。

玉一顿乱棍把他打走。[①]又令家人私买云南盐一万余引，倚势兑支，侵夺民财，阻坏盐法。[②]郭英私养家奴百五十余人，又擅杀男女五人。周德兴营第宅逾制。[③]朱亮祖镇岭南，作为擅专，贪取尤甚。[④]可见封建皇朝的法律对这批淮西集团的贵族地主的约束力是并不大的。

朱元璋为了巩固自己的统治权力，极力维护为统治阶级服务的法纪，触犯、违反法律的决不宽徇。早在取金华时，因为缺乏粮食，严令禁酒，这时大将胡大海正领兵围绍兴，其子胡三舍、王舅等三人犯酒禁，朱元璋下令处死刑，都事王恺劝他："胡大海见总兵攻绍兴，可以本官之故饶他。"朱元璋发怒说："宁可胡大海反了，不可坏我号令！"自己抽刀把这几人杀了。渡江旧将赵仲中守安庆，陈友谅遣大军围攻，城破，仲中遁走，朱元璋大怒，命按失陷城池律处死，常遇春劝说："仲中系渡江旧人，姑用赦之。"元璋说："不依军法，无以戒后。"给弓弦一条，令其自缢。谢再兴叛降张士诚后，其弟谢三、谢五守余杭，李文忠率军围城，叫他们投降，谢五于城上拜说："保

---

①《明太祖实录》卷二二五。

② 刘辰：《国初事迹》。

③《明史》卷一三〇，《郭英传》；光绪《凤阳县志》。

④《明太祖文集》卷一六，《朱亮祖圹志》。

得我性命，便出降。”李文忠指天起誓：“我是总兵官，不得杀你。”谢五兄弟投降后，朱元璋命押送南京，文忠以为如杀二谢，恐失信人，后无肯降者。朱元璋说：“谢再兴是我亲家，反背我降士诚，情不可恕！”还是把谢三、谢五杀了。[①]为了保护封建法纪，他宁肯让前敌领兵将领叛变，也非处死犯禁者不可，朱元璋一直坚持这种精神，并且总结成为理论，他说：“奈何胡元以宽而失，朕收平中国，非猛不可！”[②]以猛、以严治国，这样，也就不能不日益和淮西集团分裂以至对立，用流血手段解决问题了。

淮人官僚集团的中心人物是李善长。他是朱元璋起兵后的幕府书记，称王时的右相国，称帝后的左相国、左丞相，在朝廷上位列第一。儿子是皇帝的女婿驸马都尉。他的亲戚同乡胡惟庸也继为丞相。从李善长到胡惟庸先后掌权的十七年中，极力排挤非淮人，不使当权。浙东地主集团的领袖刘基也是开国功臣，是朱元璋的亲信谋士，朱元璋对他儿子说过：“我到婺州时，得了处州。他那里东边有方国珍，南边有陈友定，西边有张家，刘伯温那时挺身来随着我……鄱阳湖里到处厮杀，他都有功。”在和陈友谅、张士诚的争夺战中，他都向朱元璋提出

---

①《国初事迹》。

②刘基：《诚意伯文集》卷一，《皂帝手书》。

了正确的意见。组成明朝军队的军卫制也是他的建议，功劳很大。但在大封功臣时，刘基只封诚意伯，岁禄二百四十石。李善长则封韩国公，岁禄四千石。朱元璋到汴梁大会诸将，李善长和御史中丞刘基在南京留守，李善长的亲信中书省都事李彬犯法，李善长求情，刘基不听，向元璋书面报告，批准后就把李彬杀了。浙东地主集团本来是淮西集团的眼中钉，再加上这件事，仇恨就越发深了。朱元璋回来后，听了李善长的挑拨，就让刘基请假回家。洪武四年（1371）索性要他告老回乡闲住了。在此以前，朱元璋曾和刘基商量丞相的人选，有人攻击李善长，刘基说他是旧人有功，能够调和诸将。朱元璋说：他多次要害你，你怎么还替他说好话。我看还是你来当丞相吧。刘基自己知道在淮西集团当权的情况下，他是站不住脚的，坚决辞谢。朱元璋又问他杨宪、汪广洋、胡惟庸如何？杨宪是刘基的好朋友，但是刘基认为杨宪虽有相才，但器量不够，汪广洋褊浅，胡惟庸更不行。几年后，胡惟庸当权，他恨刘基说他的坏话，借个由头在朱元璋面前攻击，革掉刘基岁禄。刘基只好到南京请罪，连家也不敢回去了，忧愤生病，胡惟庸派医生来看，吃了药，病越发重了，洪武八年（1375）死去。胡惟庸案发后，有人告发，刘基是被胡惟庸毒死的。[1]朱元璋后来和刘基的儿子谈话，

---

①《明史》卷一二八，《刘基传》。

也多次说："刘伯温他在这里时，满朝都是党，只是他一个不从，吃他每蛊了。"又说："你休道父亲吃他每（们）蛊了。他只是有分晓的，他每便忌着他。若是那无分晓的呵，他每也不忌他。到如今，我朝廷是有分晓在，终不亏他的好名。"又说："刘伯温在这里时，胡家结党，只是老子说不倒。"又说："后来胡家结党，吃他下了蛊，只见一日来我说：上位，臣如今肚内一块硬结怛，谅看不好。我着人送他回去，家里死了。后来宣得他儿子来问，说道胀起来紧紧的，后来泻的鳖鳖的，却死了，这正是着了蛊。他大儿子在江西也吃他药杀了。"[①] 从这些话中，可以清楚地看出封建统治阶级内部两个不同地区的地主集团尖锐斗争的情况。山西阳曲人杨宪是朱元璋初期的检校，历官到御史台中丞。朱元璋爱他有才力，尝说杨宪可居相位。杨宪和检校凌说、高见贤、夏煜轮流向朱元璋诉说李善长无宰相材，要挤掉善长，朱元璋说："善长虽无相材，但是与我同乡，一起兵就跟我，经过艰险，勤劳簿书，功劳很多。我做皇帝，他自然该做宰相，这是用旧臣功臣，今后不要再说了。"话虽这般说，听多了又有些动摇，便和刘基商量，要用杨宪为相。胡惟庸听得风声，连忙告诉善长说："杨宪为相，我等淮人不得为大官矣。"这件事关系到整个淮西集团的切身利益，是个你

①刘仲璟：《遇恩录》。

死我活的斗争，他们便团结一致，合力倾陷，杨宪终于被杀，凌说、高见贤、夏煜也先后被处死刑。[1]同样，杨宪对不是他自己系统的人也是用尽一切方法排挤的，例如曾经做过方国珍幕府都事判上虞的宁海人詹鼎，为人有才学，做官有好名声，到南京上万言书，朱元璋看了很中意，要给官做。杨宪却忌他的才华，极力阻止。到杨宪死了，才做了一个小官。[2]淮西集团和浙东集团的倾轧，杨宪等人对淮西集团的倾轧，对不是自己系统中人的排挤，从乡土观念出发演成的政治斗争，是洪武初期政治上的一个特征。

军事贵族对皇家统治的威胁，从谢再兴叛变，邵荣案发以后，就使朱元璋十分紧张，提高警惕，用尽一切方法来维护自己的独裁统治。

朱元璋对将领不敢信任，以其家属留京作质。邵荣、赵继祖被杀后，朱元璋对诸将越发不放心，倚靠检校侦察将士私事，将领人人自危。徐达、汤和为人十分小心谨慎，也被猜疑，朝臣纷纷传说，越发造成紧张气氛。洪武五年（1372）的铁榜用法律形式规定：凡内外各指挥、千户、百户、镇抚并总旗、个旗等，不得私受公侯金帛、衣服、钱物；内外各卫官军，非当出征之时，不得辄于公侯门首侍立听候；公侯等官，非奉特旨，

---

①《国初事迹》。

②《明通鉴》卷一。

不得私役官军。[1]元璋对公侯大将的防制愈严密，矛盾就愈益深刻，裂痕也日益扩大。

最后，封建统治阶级的内部矛盾集中表现为皇权和相权的斗争。

胡惟庸是元璋在和州时的帅府奏差，李善长的亲戚，淮西官僚集团的重要人物。由于李善长的极力推荐，洪武三年（1370）官中书省参知政事，六年（1373）升右丞相，进左丞相。深得朱元璋信任，权势日盛。仗着是淮西旧人，又有李善长等元老重臣的支持，便一意专行，朝廷上生死人命和升降官员等大事，有时径自处理，不向朱元璋报告。内外诸衙门的报告有对自己不利的也就扣压下来。各地想做官、升官的，功臣、军人失意的都奔走在他的门下，送金帛、名马、玩好不计其数。做了七年宰相，门下故旧僚友结成了牢固的小集团。

中书省综掌全国大政，丞相对一切庶务有权专决，统率百官，只对皇帝负责。在胡惟庸以前，丞相李善长小心谨慎，徐达经常统兵在外，和朱元璋的冲突还不十分明显。接着是高邮人汪广洋，文人爱喝酒，庸庸碌碌没主张，不大敢管事，也被淮西集团排挤，得罪被杀。胡惟庸在中书省最久，权最重，已经使朱

① 《明太祖实录》卷七四。

元璋觉得大权旁落，很不高兴，特别是得罪被谴责的功臣吉安侯陆仲亨、平凉侯费聚都和惟庸密相往来，军事贵族和朝廷政治首脑结合在一起，和朱元璋的冲突便更加严重了。[①]朱元璋直接统率军队和检校，决心消灭这一心腹之患，洪武十三年（1380）以擅权枉法的罪状杀了胡惟庸，趁此机会取消了中书省，由皇帝直接管理国家政事。并立下法度，以后不许再设丞相这一官职。二十八年（1395）下令："自古三公论道，六卿分职。自秦始置丞相，不旋踵而亡。汉、唐、宋因之，虽有贤相，然其间所用者多有小人，专权乱政。我朝罢相，设五府、六部、都察院、通政司、大理寺等衙门，分理天下庶务，彼此颉颃，不敢相压，事皆朝廷总之，所以稳当。以后嗣君并不许立丞相，臣下敢有奏请设立者，文武群臣即时劾奏，处以重刑。"[②]这里所说的朝廷就是他自己，和过去的朝廷有本质上的区别。从罢相以后，府、部、院、司分理庶务，目的是把权力分散，"不敢相压"，"事皆朝廷总之"，一切大权都由皇帝个人掌握，"所以稳当"，再也不怕大权旁落了。从中书省综掌政权一变而为由皇帝亲自管理庶政，封建专制的政权从此更加集中，集中于一人之手，皇帝

① 《明史》卷三〇八，《胡惟庸传》。

② 《明太祖实录》卷二三九。

便成为综揽一切政事的独裁者了。

杀胡惟庸是为了独揽政权。二十六年（1393）又以有人告大将蓝玉谋反，族诛蓝玉。蓝玉定远人，常遇春妇弟。在常遇春麾下领兵，骁勇善战，多立战功。洪武二十年（1387）以征虏左副将军从大将军冯胜征纳哈出，冯胜得罪，即军中代为大将军。二十一年（1388）帅师十五万打蒙古，一直打到捕鱼儿海，北元主脱古思帖木儿以数十骑遁去，大胜而回，封凉国公。常遇春、徐达死后，蓝玉继为大将，总军征战，立了大功，就骄傲自满起来，蓄庄奴假子数千人，乘势暴横，在军中擅自黜陟将校，进止自专，不听朱元璋命令。又嫌官小，不乐意在傅友德、冯胜之下，所提意见，朱元璋又多不采纳，越发怏怏不满。总兵多年，麾下骁将十数人，威望很高。洪武二十六年（1393）朱元璋的特务组织锦衣卫官员首告蓝玉谋反，说他和景川侯曹震等公侯打算在朱元璋出去籍田时起事，审讯结果，连坐被族诛的一万五千多人。这一案把军中勇武刚强之士差不多杀个干净。

从胡惟庸被杀以后，胡案成为朱元璋进行政治斗争的方便武器，凡是心怀怨望的，行动跋扈的，对皇家统治有危险性的文武官员、大族地主，都陆续被罗织为胡党罪犯，处死抄家。胡惟庸的罪状也随着统治阶级内部矛盾的发展而发展，随时扩大。最初增加的罪状是私通日本，接着又是私通蒙古，日本和蒙古是当时两大敌人，通敌当然是谋反了。后来又发展为串通李善长谋反，把淮西集团的主要力量完全摧毁。最后是蓝玉案，则连淮西集团中的军事贵族也大部分消灭了。被杀的都以家族作单位，杀一人也就是杀一家。死于胡案的主要人物有御史大夫陈宁、中丞涂节、太师韩国公李善长、延安侯唐胜宗、吉安侯陆仲亨、平凉侯费聚、南雄侯赵庸、荥阳侯郑遇春、宜春侯黄彬、河南侯陆聚、宣德侯金朝兴、靖宁侯叶昇、申国公邓镇、济宁侯顾敬、临江侯陈镛、营阳侯杨通、淮安侯华中；大将毛骧、李伯昇、丁玉和宋濂的孙子宋慎等，宋濂也被牵连，贬死四川茂州。死于蓝党的主要人物有吏部尚书詹徽、户部侍郎傅友文、开国公常升、景川侯曹震、鹤庆侯张翼、舳舻侯朱寿、东莞伯何荣、普定侯陈桓、宣宁侯曹泰、会宁侯张温、怀远侯曹兴、西凉侯濮玙、东平侯韩勋、全宁侯孙恪、沈阳侯察罕、徽先伯桑敬和都督黄辂、汤泉等人。胡案有《昭示奸党录》，蓝案有《逆臣录》，把用刑讯所得的口供和判案详细记录公布，让全国人都知道他们的"罪状"。[1]

胡惟庸被杀后十年，洪武二十三年（1390），太师韩国公李善长也被牵涉到胡惟庸案里，朱元璋假托有星变，得杀大臣

---

①钱谦益：《太祖实录辨证》；潘柽章：《国史考异》；吴晗：《胡惟庸党案考》，载《燕京学报》十五期。

应灾，把李善长和妻女弟侄家口七十余人一起杀掉，这年善长已经七十七岁了。一年后有人替他上疏喊冤说：

善长与陛下同心，出万死以取天下，勋臣第一，生封公，死封王，男尚公主，亲戚拜官，人臣之分极矣。藉令欲自图不轨，尚未可知。而今谓其欲佐胡惟庸者，则大谬不然。人情爱其子，必甚于兄弟之子，安享万全之富贵者，必不侥幸万一之富贵。善长与惟庸，犹子之亲耳，于陛下则亲子女也。使善长佐惟庸成，不过勋臣第一而已矣，太师国公封王而已矣，尚主纳妃而已矣，宁复有加于今日？且善长岂不知天下之不可幸取？当元之季，欲为此者何限，莫不身为齑粉，覆宗绝祀，能保首领者几何人哉！善长胡乃身见之，而以衰倦之年身蹈之也？凡为此者，必有深仇激变，大不得已，父子之间，或至相挟，以求脱祸。今善长之子祺，备陛下骨肉亲，无纤介嫌，何苦而忽为此？若谓天象告变，大臣当灾，杀之以应天象，则尤不可。臣恐天下闻之，谓功如善长且如此，四方因之解体也。今善长已死，言之无益，所愿陛下作戒将来耳。[①]

问得都有道理，朱元璋看了，无话可驳，只好算了。

① 《明史》卷一二七，《李善长传》。

二案以外，开国功臣被杀的，洪武八年（1375）德庆侯廖永忠以僭用龙凤不法等事赐死；十三年（1380）永嘉侯朱亮祖父子被鞭死；十七年（1384）临川侯胡美以犯禁死；二十五年（1392）江夏侯周德兴以帷薄不修的暧昧罪状被杀；二十七年（1394）杀定远侯王弼、永平侯谢成、颍国公傅友德；二十八（1395）年杀宋国公冯胜。[1]

不但列将以次被杀，甚至坚守南昌七十五日，力拒陈友谅立了大功的义子亲侄朱文正也以“亲近儒生，胸怀怨望”被鞭死。义子亲甥李文忠南征北伐，立了大功，也因为左右多儒生，礼贤下士，被毒死。徐达为开国功臣第一，洪武十八年（1385）生背疽，据说这病最忌吃蒸鹅，病重时朱元璋却特赐蒸鹅，徐达流泪当着使臣的面吃下，不多日就死了。

功臣宿将侥幸得以善终的有几个例子：一个是汤和交还兵权，他是朱元璋同村子的人，一块儿长大的看牛伙伴。徐达、李文忠死后，朱元璋想要解除诸宿将兵权，只是不好意思说出口。汤和懂得老伙伴心事，便首先告老。朱元璋大喜，立刻派官给他在凤阳修建府第，赏赐礼遇，特别优厚。另一个例子是曹国公李景隆、武定侯郭英归还庄田和佃户，洪武二十三年（1390）崇山侯李新建议：“公侯家人和仪从户都有规定数目，超过的

①王世贞：《史乘考误》；钱谦益：《太祖实录辨证》；潘柽章：《国史考异》。

应该归还朝廷。”朱元璋正对这批贵族地主多占田地佃户极为不满，听了很高兴。下令叫把超过规定的人户都发凤阳为民。还叫礼部编一部《稽制录》，严禁公侯奢侈逾越。二十六年（1393）李景隆交还庄田六所，田地山塘池荡二百余顷。郭英交还佃户，依法纳税。这两人在洪武朝都没有出事。

（二）空印案和郭桓案

贪污腐化是封建社会官僚政治的正常现象，念书识字，做八股，参加科举，侥幸得了一官，便千方百计弄钱，买田地，蓄家奴，官做得越大，弄的钱也就愈多，升官发财，是封建社会知识分子的人生哲学，“万般皆下品，惟有读书高。”这两句话是有其深刻的社会根源的。

另一面，官吏贪横，无止境的剥削，也就不能不迫使饥寒交迫的人民起而反抗，“官逼民反”，从进入封建社会以来，数以百次计的农民起义，官吏的贪污剥削是其原因之一。

为了缓和封建统治阶级和广大人民的矛盾，巩固统治基础。朱元璋对地方官贪污害民的，用极严厉的手段惩处，进行了长期的残酷的斗争。

对朝廷和地方的官僚奸贪舞弊，严重地损害了皇朝的利益的，朱元璋集中力量，全面地大规模地加以无情的打击，洪武十五年（1382）的空印案，十八年（1385）的郭桓案，两案连坐被杀的达七八万人，其中主要是各级官员，追赃牵连到各地许多大地主，都弄得破家荡产，旧地主阶级的力量更进一步地被削弱了。

按照规定，每年各布政使司和府、州、县都得派计吏到户部，报告地方财政收支账目，为了核算钱粮、军需等款项，必需府报布政司，布政司报部，一层层上报，一直到户部审核数目完全符合，准许报销，才算手续完备结了案。钱谷数字如有分、毫、升、合对不拢，整个报销册便被驳回，重新填造。布政使司离京师远的有六七千里，近的也是千里上下，重造册子还不要紧，问题是重造的册子必需盖上原衙门的印信才算合法，因为要盖这颗印，来回的时间就得用上个把月以至好几个月。为了避免户部挑剔，减省来回奔走的麻烦，上计吏照习惯都带有事先预备好的盖过官印的空白文册，遇有部驳，随时填用。这种方法本来是公开的秘密，谁都认为是合情合理，方便省事的。不料到了洪武十五年（1382），朱元璋忽然发觉这秘密，大发雷霆，以为一定有严重弊病，非严办不可，就下令各地方衙门长官主印的一律处死，佐贰官杖一百充军边地。其实上计吏所带的空印文册盖的是骑缝印，不能作别的用途，预备了也不一定用得着。全国各地方衙门的人都明白这道理，连户部官员也是照例默认的，成为上下一致同意的通行办法。但是案发后，正当胡惟庸党案闹得很紧张，朝廷上谁也不敢分辩，有一个老百姓拼着死命上书把事情解释清楚，也不中用，还是把地方上的长吏一杀而空。当时最有名的好官方克勤（建文朝大臣方孝孺的父亲）也死在这案内，上书人也被罚作苦工。[1]

郭桓官户部侍郎。洪武十八年（1385）有人告发北平二司官吏和郭桓通同舞弊，从户部左右侍郎以下都处死刑。追赃粮七百万石，供词牵连到各布政使司官吏，被杀的又是几万人。追赃又牵连到全国各地的许多大地主，中产以上的地主破家的不计其数。宣布的罪状是：

户部官郭桓等收受浙西秋粮，合上仓四百五十万石。其郭桓等只收（交）六十万石上仓，钞八十万锭入库，以当时折算，可抵二百万石，余有一百九十万石未曾上仓。其桓等受要浙西等府钞五十万贯，致使府、州、县官黄文通等通同刁顽人吏边源等作弊，各分入己；

其应天等五府、州、县数十万没官田地夏税秋粮，官吏张钦等通同作弊，并无一粒上仓，与同户部官郭桓等尽行分受；

其所盗仓粮，以军卫言之，三年所积卖空。前者榜上若欲尽写，恐民不信，但略写七百万耳。若将其余仓分并十二布政司通同盗卖见在仓粮，及接受浙西等府钞五十万张卖米

---

①《明史》卷九四《刑法志》，卷一三九《郑士利传》。

一百九十万不上仓，通算诸色课程鱼盐等项，及通同承运库官范朝宗偷盗金银，广惠库官张裕妄支钞六百万张，除盗库见在金银宝钞不算外，其卖在仓税粮及未上仓该收税粮及鱼盐诸色等项，共折米算，所废（吞没）者二千四百余万（石）精粮。①

等等。据一些同时人和地主子孙的记录，三吴一带、浙东西的故家巨室，不是“多以罪倾其宗”，便是“豪民巨族，划削殆尽”。这些记载虽然有些夸大，但是反映了一部分旧地主阶级分子被消灭的情况，则是无可置疑的。这样严重的打击，当然会引起地主阶级和官僚的恐慌和不满，他们当然不敢申说买卖官粮这一严重犯法行为是合法的，应该的，只能指斥、攻击、告发处理这个案件的御史和法官，议论沸腾，情势严重。朱元璋也觉得这个矛盾如继续发展下去，对自己的统治十分不利，便一面以手诏公布郭桓等人的罪状，分析是非，一面把原审法官也杀了，作为对地主阶级和官僚们的让步，结束了这件大案。②

除了空印案和郭桓案两次大屠杀以外，还有洪武四年（1371）录（甄别）天下官吏；十三年（1380）连坐胡党；

---

①《明史》卷九四，《刑法志》；《大诰》二三《郭桓卖放浙西秋粮》，四九《郭桓盗官粮》。

②《明史》卷九四，《刑法志》。

十九年（1386）逮官吏积年为民害者；二十三年（1390）罪妄言者，四次有计划的诛杀。[①]

四十年中，据朱元璋的著作：《大诰》《大诰续编》《大诰三编》《大诰武臣》的统计，所列凌迟、枭示、种诛有几千案，弃市（杀头）以下有一万多案。《三编》所定的案件算是最宽大的了，如"进士监生三百六十四人，愈见奸贪，终不从命，三犯四犯而至杀身者三人，三犯而诽谤杀身者三人，姑容戴斩、绞、徒流罪在职者三十人，一犯戴死罪、徒流罪办事者三百二十八人"[②]。戴死罪和徒流罪办事是朱元璋新创的办法，有御史戴死罪，戴着脚镣坐堂审案的；有打了八十大棍仍回原衙门做官的。戴是判刑的意思。他创立这种办法的主要原因是把这些官都杀了就没有人替他办事了，又判刑，又让回去办事，封建法纪确立了，各种事务工作也不至于因为缺官而废弛。

凌迟是最野蛮最残酷的刑法。[③]枭示也叫枭令。种诛就是族诛，一人犯罪，就按家按族地杀。此外有刷洗，有秤竿，有抽肠，有剥皮，还有黥刺、剕、劓、阉割、挑膝盖、锡蛇游种种名目

---

①《明史》卷一三九，《周敬心传》。

②《大诰三编》二，《进士监生戴罪办事》。

③邓之诚：《骨董琐记续记》卷二〇，磔条，引《张文宁年谱》；计六奇：《明季北略·记郑鄤事》。

的非刑。[1]野蛮残暴的程度超过了历史上任何帝王。这种种酷刑，造成了朝官中的极度恐怖气氛，人人提心吊胆。据说在上朝时，朱元璋是否下决心大批杀人，很容易看出来。要是这天他揿玉带在肚皮底下，便是大风暴的信号，准有大批官员被杀，满朝官员都吓得脸无人色，个个发抖；要是这一天他的玉带高高贴在胸前，大概杀人就不会多。[2]朝官按制度每天黎明就得上朝，天不亮起身梳洗穿戴。在几件大案发作以后，许多朝官在出门以前，就和妻子诀别，吩咐后事，要是居然活着回家，便阖家庆贺，算是又多活一天了。[3]

用重刑惩治违法官僚，尽管杀死了多少万人，效果还是不大。洪武十八年（1385）朱元璋慨叹说："朕自即位以来，法古命官，布列华、'夷'。岂期擢用之时，并效忠贞，任用既久，俱系奸贪。朕乃明以宪章，而刑责有不可恕。以至内外官僚，守职维艰，善能终是者寡，身家诛戮者多。"[4]郭桓案发后，他又说："其贪婪之徒，闻桓之奸，如水之趋下，半年间弊若蜂起，杀身亡家者人不计其数。出五刑以治之，挑筋、剁指、刖足、髡发、

①吕毖：《明朝小史》卷一，《国初重刑》。

②徐祯卿：《翦胜野闻》。

③《廿二史札记》卷三二，《明祖晚年去严刑》条，引《草木子》。

④《明朝小史》卷二。

文身，罪之甚者欤！”[①] 他没有也不可能懂得封建专制的寡头独裁政治，地主阶级专政的残酷统治，官僚政治和贪污舞弊是分不开的，封建统治是以剥削人民为基础的，不推翻封建统治、封建制度，单纯地用严刑重罚，流血手段来根绝贪污，是根本不可能有任何效果的。

诛杀以外，较轻的犯罪官员，罚作苦工，洪武九年（1376），单是官吏犯笞以下罪，谪发到凤阳屯田的便有一万多人。[②]

朝官被杀有记载可查的，有中书省左司都事张昶、礼部侍郎朱同、张衡、户部尚书赵勉、吏部尚书余忾、工部尚书薛祥、秦逵、刑部尚书李质、开济、户部尚书茹太素、春官王本、祭酒许存仁、左都御史杨靖、大理寺卿李仕鲁、少卿陈汶辉、御史王朴、员外郎张来硕、参议李饮冰、纪善白信蹈等。[③]外官有苏州知府魏观、济宁知府方克勤、番禺知县道同、训导叶伯巨、晋王府左相陶凯等。[④]茹太素性情刚直，爱说老实话，几次为了

---

①《大诰三编》，逃囚第一六。

②《明史》卷一三九，《韩宜可传》。

③《明史》卷一三六《朱升传》，卷一三七《刘三吾传》《宋讷传》《安然传》，卷一三八《陈修传》《杨靖传》《薛祥传》，卷一三九《茹太素传》《李仕鲁传》《周敬心传》。

④《明史》卷一四〇《魏观传》，卷二八一《方克勤传》，卷一四〇《道同传》，卷一三九《叶伯巨传》，卷一三六《陶凯传》。

说话不投机被廷杖、降官，甚至镣足治事。一天，在便殿赐宴，朱元璋写诗说："金杯同汝饮，白刃不相饶。"太素磕了头，续韵吟道："丹诚图报国，不避圣心焦。"朱元璋听了倒也很感动。不多时还是因事被杀。李仕鲁是朱熹学派的学究，劝朱元璋不要太尊崇和尚道士，想学韩文公辟佛，发扬朱学。朱元璋不理会，李仕鲁着急，闹起迂脾气，当面交还朝笏，要告休回家。朱元璋大怒，当时叫武士把他掼死在阶下。陶凯是御用文人，一时诏令封册歌颂碑志多是他写的，做过礼部尚书，参加制定军礼和科举制度。只因为起了一个别号叫"耐久道人"，朱元璋恨他："自去爵禄之名，怪称曰耐久道人，是其自贱也。此无福之所催，如是不期年，罪犯不公。"又说他："忘君爵而美山野……忘君爵而书耐久。"借题目把他杀了。[①]员外郎张来硕谏止取已许配的少女作宫人，说"于理未当"，被碎肉而死。参议李饮冰被割乳而死。[②]

朱元璋对内外官僚的残酷诛杀和刑罚，引起官僚集团的反对，洪武七年（1374）便有人抗议，说是杀得太多了，太过分了，"才能之士，数年来幸存者百无一二"。[③]九年叶伯巨以星变上书，

---

①《明太祖文集》卷一六，《辩答禄异名洛上翁及谬赞》《设大官卑职馆阁山林辩》。

②刘辰：《国初事迹》。

③《明史》卷一三九，《茹太素传》。

论用刑太苛说：

臣观历代开国之君，未有不以任德结民心，以任刑失民心者，国祚长短，悉由于此……议者曰宋、元中叶，专事姑息，赏罚无章，以致亡灭。主上痛惩其敝，故制不宥之刑，权神变之法，使人知惧而莫测其端也。臣又以为不然。开基之主，垂范百世，一动一静，必使子孙有所持守。况刑者，民之司命，可不惧欤！夫笞、杖、徒、流、死，今之五刑也。用此五刑，既无假贷，一出乎大公至正可也。而用刑之际，多裁自圣衷，遂使治狱之吏，务趋求意旨，深刻者多功，平反者得罪，欲求治狱之平，岂易得哉！近者特旨杂犯死罪，免死充军；又删定旧律诸则，减宥有差矣。然未闻有戒饬治狱者务从平恕之条，是以法司犹循故例，虽闻宽宥之名，未见宽宥之实。所谓实者，诚在主上，不在臣下也。故必有罪疑唯轻之意，而后好生之德洽于民心，此非可以浅浅期也。何以明其然也？古之为士者以登仕为荣，以罢职为辱，今之为士者以溷迹无闻为福，以受玷不录为幸，以屯田工役为必获之罪，以鞭笞捶楚为寻常之辱。其始也，朝廷取天下之士，网罗捃摭，务无余逸，有司敦迫上道，如捕重囚，比到京师，而除官多以貌选，所学或非所用，所用或非其所学。洎乎居官，一有差跌，苟免诛戮，则必在屯田工役之科，率是为常，不少顾惜。此岂陛下所乐为哉！诚欲人之惧而不敢犯也。

窃见数年以来，诛杀亦可谓不少矣，而犯者相踵，良由激劝不明，善恶无别，议贤议能之法既废，人不自励而为善者怠也。有人于此，廉如夷、齐，知如良、平，少戾于法，上将录长弃短而用之乎？将舍其所长苛其所短而置之法乎？苟取其长而舍其短，则中庸之才争自奋于廉智，倘苛其短而弃其长，则为善之人皆曰某廉若是，某智若是，朝廷不少贷之，吾属何所容其身乎？致使朝不谋夕，弃其廉耻，或自掊克，以备屯田工役之资者，率皆是也。若是，非用刑之烦者乎？汉尝徙大族于山陵矣，未闻实之以罪人也，今凤阳皇陵所在，龙兴之地，而率以罪人居之，怨嗟愁苦之声，充斥园邑，殆非所以恭承宗庙意也。

解缙像

朱元璋看了气极，连声音都发抖了，连声说这小子敢如此放肆！快逮来，我要亲手射死他！隔了些日子，中书省官趁他高兴的时候，奏请把叶伯巨下刑部狱，不久死在狱中。[①] 朱元璋晚年所最喜欢的青年才子解缙，奉命说老实话，上万言书，也说：

① 《明史》卷一三九，《叶伯巨传》。

臣闻令数改则民疑，刑太繁则民玩。国初至今将二十载，无几时不变之法，无一日无过之人。尝闻陛下震怒，锄根翦蔓，诛其奸逆矣，未闻褒一大善，赏延于世，复及其乡，始终如一者也……陛下进人不择贤否，授职不量重轻，建"不为君用"之法，所谓取之尽锱铢；置"朋奸倚法"之条，所谓用之如泥沙。监生进士经明行修，而多屈于下僚；孝廉人材冥蹈瞽趋，而或布于朝省。椎埋嚚悍之夫，阘茸下愚之辈，朝捐刀镊，暮拥冠裳；左弃筐箧，右绾组符。是故贤者羞为之等列，庸人悉习其风流，以贪婪苟免为得计，以廉洁受刑为饰辞。出于吏部者无贤否之分，入于刑部者无枉直之判。天下皆谓陛下任喜怒为生杀，而不知皆臣下之乏忠良也……夫罪人不孥，罚弗及嗣，连坐起于秦法，孥戮本子伪书，今之为善者妻子未必蒙荣，有过者里胥必陷其罪，况律以人伦为重，而有给配妇女之条，听之于不义，则又何取夫节义哉！此风化之所由也。

话说得很露骨，分量很重，但是他把这一切都归咎于"臣下之乏忠良"，不是皇帝的本意，朱元璋读了很舒服，连说："才子！才子！"[①]

---

①《明史》卷一四七，《解缙传》。

在鞭笞、苦工、剥皮、挑筋以至抄家灭族的恐怖气氛中，凡是做官的，不论大官小官，近官远官，随时随地都会有不测之祸，人人在慌乱紧张，战战兢兢地过日子。有人实在受不了，只好辞官，回家做老百姓。可是这样一来，又刺着朱元璋的痛处了，说是这些人不肯帮朝廷做事："奸贪无福小人，故行诽谤，皆说朝廷官难做。"大不敬，非杀不可。[①]左也不是，右也不是，真弄得官僚们"知惧而莫测其端"了。

也有个别得罪的官僚、贵族以装疯幸免的，一个是御史袁凯。有一次朱元璋要杀许多人，叫袁凯把案卷送给皇太子复讯，皇太子主张从宽。袁凯回报，朱元璋问他："我要杀人，皇太子却要宽减，你看谁对？"袁凯不好说谁不对，只好回答："陛下要杀是守法，皇太子要赦免是慈心。"朱元璋大怒，认为袁凯两面讨好，耍滑头，要不得。袁凯吓得要死，怕被杀害，便假装疯癫。朱元璋说疯子是不怕痛的，叫人拿木钻刺他的皮肤，袁凯咬紧牙齿，忍住不喊痛。回家后，自己用铁链子锁了脖子，蓬头垢面，满嘴疯话。朱元璋还是不相信，派使者召他做官，袁凯瞪着眼对使者唱月儿高的曲子，爬在篱笆边吃狗矢，使者回报果然疯了，才不追究。这一回朱元璋却受了骗，原来袁凯知道皇帝要派人来侦察，预先叫人用炒面拌糖稀，捏成段段，散在篱

---

① 《大诰》，奸贪诽谤第六四。

笆下，大口吃了，救了一条命，朱元璋哪里会知道。[1]另一个例子是外戚郭德成，郭宁妃的哥哥。一天他陪朱元璋在后苑喝酒，醉了爬在地上去冠磕头谢恩，露出稀稀的几根头发，朱元璋笑着说："醉疯汉，头发秃到这样，可不是酒喝多了？"德成说："这几根还嫌多呢，剃光了才痛快。"朱元璋拉长脸，一声不响。德成酒醒后，知道闯了大祸，索性装疯，剃光了头，穿了和尚衣，成天念佛。朱元璋信以为真，告诉宁妃说："原以为你哥哥说笑话，如今真个如此，真是疯汉。"不再在意。党案起后，德成居然漏网。[2]

吴人严德珉由御史升左佥都御史，因病辞官，犯了朱元璋的忌讳，被黥面充军南丹（今广西），遇赦放还，到宣德时还很健朗。一天因事被御史所逮，跪在堂下，供说也曾在台勾当公事，颇晓三尺法度来。御史问是何官，回说洪武中台长严德珉便是老夫。御史大惊谢罪。第二天去拜访，却早已挑着铺盖走了。有一个教授和他喝酒，见他脸上刺字，头戴破帽，问老人家犯了什么罪过，德珉说了详情，并说先时国法极严，做官的多半保不住脑袋，说时还北面拱手，嘴里连说："圣恩！圣恩！"[3]

---

①《明史》卷二八三，《袁凯传》；徐祯卿：《翦胜野闻》；陆深：《金台纪闻》。

②《明史》卷一三一，《郭兴传》。

③《明史》卷一三八，《杨靖传》。

民间流行着一个传说，说是朱元璋有一天出去私访，到一破寺，里边没有一个人，墙上画一布袋和尚，有诗一首："大千世界浩茫茫，收拾都将一袋藏，毕竟有收还有放，放宽些子又何妨！"墨迹还新鲜。立刻派人搜索作画题诗的人，已经不见了。[①]这个传说当然是虚构的，却真实地反映了洪武朝官僚们对现实政治斗争的不满情绪。

朱元璋以猛治国，以严刑处理统治阶级的内部斗争，他深信自己是正确的。但是他却不许后人学他的榜样，洪武二十八年（1395）五月下令："朕自起兵至今四十余年，亲理天下庶务，人情善恶真伪，无不涉历。其中奸顽刁诈之徒，情犯深重，灼然无疑者，特令法外加刑，意在使人知所警惧，不敢轻易犯法。然此特权时措置，顿挫奸顽，非守成之君所用长法。以后嗣君统理天下，止守《律》与《大诰》，并不许用黥刺剕劓阉割之刑。臣下敢有奏用此刑者，文武群臣即时劾奏，处以重刑。"[②]

（三）文字狱

统治阶级内部矛盾的另一方面，是一部分旧地主阶级的文人对新兴皇朝臣属关系的斗争。他们的阶级立场很坚定，认为

---

①徐祯卿：《翦胜野闻》。

②《明太祖实录》卷二三九。

造反的穷苦农民怎能做皇帝，对地主进行统治，因而拒绝和新朝合作。

这些文人对由红军发迹的朱皇帝，怀有深刻的憎恨。典型的例子如贵溪儒士夏伯启叔侄，斩断手指，立誓不做官，被逮捕到京师。朱元璋问他们："昔世乱居何处？"回答说："红寇乱时，避居于福建、江西两界间。"朱元璋大怒："朕知伯启心怀忿怒，将以为朕取天下非其道也。"特谓伯启曰："尔伯启言红寇乱时，意有他忿。今去指不为朕用，宜枭令籍没其家，以绝狂愚夫仿效之风。"特派人把他们押回原籍处死。[①]苏州人姚润、王谟也拒绝做新朝的官，都被处死刑，全家籍没。[②]

有的文人怕朱元璋的严刑重法，动辄挨打以至杀头，谢绝新朝的征召，实在推脱不了，勉强到了南京，还是拒绝做官。例如浙江山阴人杨维桢，号铁崖，诗名擅一时，号铁崖体。洪武二年（1369）被征，婉辞不去。三年（1370）又被地方官敦促上路，赋《老客妇谣》明志，大意说快死的老太婆不能再嫁人了，皇帝如不见谅，只好跳海自杀。朱元璋因他名望很大，不好过分勉强。维桢在南京住了几个月，便请求回家。宋濂赠

---

①《大诰三编》，秀才剁指第十；《明史》卷九四，《刑法志》。

②《明史》卷九四，《刑法志》。

诗说："不受君王五色诏，白衣宣至白衣还。"[1]江阴王逢自号席帽山人，张士诚据吴，其弟士德用逢计劝士诚北降于元以拒西吴。士诚亡，逢隐居乌泾。洪武十五年（1382）以文学被征，亏得他儿子在朝廷做官，向皇帝磕头哭求，才放回去。[2]也有抗拒不了，被迫非做官不可的，如大名秦裕伯避乱居上海，两次被征不出，最后朱元璋写了亲笔信说："海滨民好斗，裕伯智谋之士而居此地，坚守不起，恐有后悔！"情势严重，秦裕伯只好入朝。[3]

也有另外一些文人曾经做过元朝或东吴的官，坚决不做新朝官吏的。例如回族诗人丁鹤年自以家世仕元，逃避征召，晚年学佛法，到永乐时才死。[4]长乐陈亮自以为曾是元朝儒生，明初屡征不出，终身不仕。[5]山阴张宪学诗于杨维桢，仕东吴为枢密院都事，东吴亡，宪改名换姓，寄食杭州报国寺以死。[6]庐陵张昱在杨完者镇浙江时，做过左右司员外郎行枢密院判官，张士诚要他做官，辞谢不肯。朱元璋要他出来，一看太老了，说：

---

①《明史》卷二八五，《杨维桢传》。

②《明史》卷二八五，《戴良传》附《王逢传》。

③《明史》卷二八五，《张以宁传》附《秦裕伯传》。

④《明史》卷二八五，《戴良传》附《丁鹤年传》。

⑤《明史》卷二八六，《林鸿传》附《陈亮传》。

⑥《明史》卷二八五，《陶宗仪传》附《张宪传》。

“可闲矣。”放回去，自号为可闲老人。小心怕事，绝口不谈时政，有一首诗说明他的处境：

洪武初年自日边，诏许还家老贫贱，池馆尽付当时人，惟存笔砚伴闲身，刘伶斗内葡萄酒，西子湖头杨柳春，见人斲轮只袖手，听人谈天只钳口。[①]

总之，在明初，除了一部分大地主出身的文人如刘基等人已经参加了新兴的统治集团以外，中小地主出身的文人可以分作两类：

一类是倚靠新朝保护，得到了新朝统治的好处，决心和新朝合作，有官便做，甚至想尽办法钻营，要升官发财，改换门庭，光宗耀祖的，这类人占极大多数，是朱元璋统治所依靠的主要力量，各级政府官员的主要来源；另一类便是对红军抱有深刻仇恨，对新朝当然也抱着抗拒态度，不肯合作的。这一类人人数虽不甚多，但对当时的社会和政治却有相当影响。

朱元璋对付这些不肯合作的封建文人，采用严峻的刑罚，特别制定一条法律：“率土之滨，莫非王臣。寰中士大夫不为

①张域：《可闲老人集》卷一，《寄河南卫镇抚赵克家叙旧》。

君用，是自外其教者，诛其身而没其家，不为之过。”[①] 寰中士大夫不为君用，办法是杀。

一部分士大夫不肯为朱元璋所用，朱元璋便用特殊法律、监狱、死刑以至抄家灭族一套武器，强迫他们出来做官。一方面一部分人不肯合作，另一方面新朝又非强迫他们出来合作不可，这样便展开了统治阶级内部另一方面的长期流血斗争。

一部分封建文人不满意朱元璋的统治，朱元璋也痛恨这些人胆敢抗拒，用尽一切方法镇压，这种对立形势越来越显著了。在斗争的过程中，朱元璋特别注意文字细节和他自己出身经历的禁忌，吹毛求疵，造成了洪武时代的文字狱。

所谓禁忌，含义是非常广泛的。例如朱元璋从小过穷苦的生活，当过和尚。和尚的特征是光头，剃掉头发，因之，不但“光”“秃”这类字对他是犯忌讳的，就连“僧”这个字也很刺眼，推而广之，连和“僧”同音的“生”字，也不喜欢了。又如他早年是红军的小兵，红军在当时元朝政府和地主官僚的口头上、文字上，是被叫作“红贼”“红寇”的，曾经在韩林儿部下打过仗的人，最恨人骂他是“贼”，是“寇”，推而广之，连和“贼”字形音相像的“则”字，看着也有气了。

---

①《大诰三编》，苏州人才第十三；《明史》卷九四，《刑法志》。

对文字的许多禁忌，是朱元璋自卑心理的一面。相反的一面却表现为卖弄出身。历代开国帝王照例要拉扯古代同姓的有名人物作祖先，朱元璋的父亲、祖父都是佃农，外祖父是巫师，在封建社会里都是卑微的人物，没有什么可以夸耀的。据说，当他和文臣们商量修玉牒（家谱）的时候，原来打算拉宋朝著名的学者朱熹作祖先的。恰好一个徽州人姓朱的典史来朝见，他打算拉本家，就问："你是朱文公的后人吗？"这小官不明底细，怕撒谎闯祸，只好直说不是。他一想区区的典史小官尚且不肯冒认别人作祖宗，而且几代以来也从没听说和徽州朱家有过瓜葛，万一硬认上，白给人作子孙倒也罢了，被识破落人笑话，如何使得？[①]只好打消了这念头，不作名儒的后代，却向他的同乡皇帝汉高祖去看齐，索性强调自己是没有根基的，不是靠先人基业起家的，在口头上，文字上，一开口，一动笔，总要插进"朕本淮右布衣"，或者"江左布衣"，以及"匹夫""起自田亩""出身寒微"一类的话，强烈的自卑感一反而表现为自尊，自尊为同符汉高祖，不断地数说，卖弄他赤手空拳，没一寸土地却打出来天下，把红军大起义的功绩一古脑儿算在自己名下。这两种不同心理，看来是矛盾的，

①《明朝小史》卷一。

其实质却又是一致的。可是，尽管他自己这样经常卖弄，却又忌讳别人如此说，一说又以为是挖他的根基了，结果又会是一场血案。

地方三司官和知府、知县、卫所官员，逢年过节和皇帝生日以及皇家有喜庆时所上的表笺，照例由学校教官代作，虽然都是陈辞滥调，因为说的都是颂扬话，朱元璋很喜欢阅读。他原来不是使小心眼的人，也不会挑剔文字。从渡江以后，大量收用了地主阶级的文人，替他办了不少事。建国以后，朝仪、军卫、户籍、学校等制度规程又多出于文人之手，使他越发看重文人，以为治国非用文人不可。文人得势了，百战功高的淮西集团的公侯们不服气，以为武将流血打的天下，却让这班瘟书生来当家，多少次向皇帝诉说，都不理会。公侯们商量了个主意，一天又向朱元璋告文人的状，朱元璋还是老一套，世乱用武，世治宜文，马上可以得天下，不能治天下，总之治天下是非用文人不可的。有人就说："您说得对。不过文人也不能过于相信，否则是会上当的。一般的文人好挖苦毁谤，拿话讽刺人。例如张九四一辈子宠待文人，好第宅，高薪水，三日一小宴，五日一大宴，把文人捧上天。做了王爷后，要起一个官名，文人替他起名士诚。"朱元璋说。"好啊，这名字不错。"那人说："不然。上大当了！《孟子》书上有：'士，诚小人也。'这句也可以破读成：'士诚，小人也。'骂张士诚是小人，他哪里懂得。给人叫了半辈子小人，到死还不明白，真是可怜。”[①] 朱元璋听了这番话，查了《孟子》，果然有这句话。从此更加注意臣下所上表笺，只从坏处琢磨，果然许多地方都有和尚贼盗，都像是存心骂他的，越疑心就越像，有的成语，转弯抹角一揣摩，好像也是损他的。武将和文官争权斗争的发展，使他在和一部分不合作的地主文人对立的基础上，更增加了对一般文人运用文字动机的怀疑，用他自己的政治尺度、文化水平来读各种体裁的文字，盛怒之下，叫把作这些文字的文人一概拿来杀了。

文字狱的著名例子，如浙江府学教授林元亮替海门卫官作《谢增俸表》，中有“作则垂宪”一句话；北平府学训导赵伯宁为都司作《贺万寿表》，中有“垂子孙而作则”一语；福州府学训导林伯璟为按察使撰《贺冬至表》的“仪则天下”；桂林府学训导蒋质为布按二使作《正旦贺表》的“建中作则”；澧州学正孟清为本府作《贺冬至表》的“圣德作则”，朱元璋把所有的“则”都念成“贼”。常州府学训导蒋镇为本府作《正旦贺表》，内有“睿性生知”，“生”字被读作“僧”；怀庆府学训导吕睿为本府作《谢赐马表》，有“遥瞻帝扉”，“帝扉”被读成“帝非”；祥符县学教谕贾翥为本县作《正旦贺表》的“取法象魏”，“取

①黄溥：《闲中今古录》。

法”被读作“去发”；亳州训导林云为本州作《谢东宫赐宴笺》，有“式君父以班爵禄”一语，“式君父”被念成“失君父”，说是咒诅；尉氏县教谕许元为本府作《万寿贺表》，有“体乾法坤，藻饰太平”八字，就更严重了，“法坤”是“发髡”，“藻饰太平”是“早失太平”；德安府训导吴宪为本府作《贺立太孙表》，中有“天下有道，望拜青门”两句，“有道”说是“有盗”，“青门”当然是和尚庙了。下令把作表笺的人一概处死。甚至陈州州学训导为本州作《贺万寿表》的“寿域千秋”，念不出花样来，还是被杀。[①]

象山县教谕蒋景高以表笺误被逮赴京师斩于市。[②]杭州府学教授徐一夔《贺表》有“光天之下，天生圣人，为世作则”。朱元璋读了大怒说：“生者僧也，骂我当过和尚。光是剃发，说我是秃子。则音近贼，骂我做过贼。”把礼部官吓得要死，求皇帝降一道表式，使臣民有所遵守。[③]洪武二十九年（1396）特命翰林院学士刘三吾、左春坊右赞善王俊华撰庆贺谢恩表式，颁布天下诸司，以后凡过庆贺谢恩，如式录进。[④]照规定表式抄录，只填官衔姓名，文人的性命才算有了保障。

---

①赵翼：《廿二史札记》卷三二，《明初文字之祸》，引《朝野异闻录》。

②黄溥：《闲中今古录》。

③徐祯卿：《翦胜野闻》。

④《明太祖实录》卷二四六。

文字狱的时间从洪武十七年（1384）到二十九年（1396），前后达十三年。[①] 唯一幸免的文人是翰林院编修张某，此人在翰林院时说话出了毛病，被贬作山西蒲州学正。照例作庆贺表，朱元璋记得他的名字，看表文里有“天下有道”“万寿无疆”两句话，发怒说：“这老儿还骂我是强盗呢！”差人逮来当面审讯，说：“把你送法司，更有何话可说？”张某说：“只有一句话，说了再死也不迟。陛下不是说过，表文不许杜撰，都要出自经典，有根有据的话吗？天下有道是孔子说的，万寿无疆出自《诗经》，说臣诽谤，不过如此。”元璋被顶住了，无话可说，想了半天，才说：“这老儿还这般嘴强，放掉罢。”左右侍臣私下议论：“几年来才见容了这一个人！”[②]

苏州知府魏观把知府衙门修在张士诚的宫殿遗址上，犯了忌讳，被人告发。朱元璋查看新房子的《上梁文》有“龙蟠虎踞”四字，大怒，把魏观腰斩。[③] 佥事陈养浩作诗：“城南有嫠妇，夜夜哭征夫。”元璋恨他动摇士气，取到湖广，投在水里淹死。[④] 翰林院编修高启作题宫女图诗：“小犬隔花空吠影，夜深

---

①黄溥：《闲中今古录》。

②李贤：《古穰杂录》。

③黄玮：《蓬窗类纪·国初纪》；顾公燮：《消夏闲记摘钞》下，高青丘。

④刘辰：《国初事迹》。

宫禁有谁来？”朱元璋以为是讽刺他的，记在心里。高启退休后住在苏州，魏观案发，朱元璋知道《上梁文》又是高启的手笔，旧恨新罪一并算，把高启腰斩。[①]有一个和尚叫来复，讨好皇帝，做了一首谢恩诗，有“金盘苏合来殊域”和“自惭无德颂陶唐”两句，朱元璋大为生气，以为殊字分为歹朱，明明是骂我。又说“无德颂陶唐”，是说我无德，虽欲以陶唐颂我而不能，又把这乱巴结的和尚斩首。[②]

地方官就本身职务，有所建议，一字之嫌，也会送命。卢熊作兖州知州，上奏本说州印兖字误类衮字，请求改正。朱元璋极不高兴，说：“秀才无理，便道我衮哩！”原来又把衮字缠作滚字了。不久，卢熊便以党案被杀。[③]

从个人的禁忌进一步便发展为广义的禁忌了。洪武三年（1370）禁止小民取名用天、国、君、臣、圣、神、尧、舜、禹、汤、文、武、周、秦、汉、晋等字。二十六年（1393）出榜文禁止百姓取名太祖、圣孙、龙孙、黄孙、王孙、太叔、太兄、太弟、太师、太傅、太保、大夫、待诏、博士、太医、

①李贤：《古穰杂录》；朱彝尊：《静志居诗话》；《明史》卷二八五：《高启传》；高启：《高太史大全集》卷一七，《宫女图》。

②《廿二史札记》卷三二，《明初文字之祸》。

③叶盛：《水东日记摘钞》卷二。

太监、大官、郎中字样，并禁止民间久已习惯的称呼，如医生止许称医士、医人、医者，不许称太医、大夫、郎中，梳头人止许称梳篦人或称整容，不许称待诏，官员之家火者，止许称阍者，不许称太监，违者都处重刑。①

其他地主文人被杀的，如处州教授苏伯衡以表笺论死；太常卿张羽坐事投江死；河南左布政使徐贲下狱死；苏州经历孙蕡曾为蓝玉题画，泰安州知州王蒙尝谒胡惟庸，在胡家看画，王行曾做过蓝玉家馆客，都以党案被杀；郭奎曾参朱文正军事，文正被杀，奎也论死；王彝坐魏观案死；同修《元史》的山东副使张孟兼、博野知县傅恕、福建佥事谢肃都坐事死；曾在何真幕府的赵介，死在被逮途中；曾在张士诚处作客、打算投奔扩廓帖木儿的戴良，得罪自杀。不死的，如曾修《元史》的张宣，谪徙濠州；杨基罚作苦工；乌斯道谪役定远；顾德辉父子在张士诚亡后，并徙濠梁，都算是十分侥幸的了。②

明初的著名诗人吴中四杰：高启、杨基、张羽、徐贲，都曾和张士诚来往，杨基、徐贲还做过张士诚的官，四人先后被杀、

---

①《明太祖实录》卷五二，顾起元：《客座赘语》卷一〇，《国初榜文》。

②《明史》卷二八五，《苏伯衡传》《高启传》《王冕》附《郭奎传》《孙蕡传》《赵壎传》《陶宗仪传》附《顾德辉传》；《廿二史札记》卷三二，《明初文人多不仕》。

吴中四杰 高启作品——楷书题仕女图诗

吴中四杰　徐贲画作

谪徙，看来不是巧合，而是有意识的打击。只有临海陈基是例外，陈基曾参张士诚军事，明初被召修《元史》，洪武三年（1370）卒。他在张士诚幕府时，所起草的书檄骂朱元璋的很多，不是死得早，他也是免不了的。[1]

朱元璋用严刑重罚，杀了十几万人，杀的人主要的是国公、列侯、大将；宰相、部院大臣、诸司官吏，州县胥役；进士、监生、经生、儒士、文人、学者；僧、道；富人、地主等等，总之，都是封建统治阶级内部的成员，他心目中的敌人。他用流血手段进行长期的内部清洗工作，贯彻了“以猛治国”的方针，巩固了朱家皇朝的统治。

另一面，他又坚决反对社会上长期以来的政治上的地域、乡土之见。他认为做皇帝是作全国的皇帝，不是做某一地方的皇帝，选用的人才也应该是全国性的，淮西集团李善长、胡惟庸死抱住只有淮人才能掌权作大官的阶级、小集团偏见，是他和淮西集团内部矛盾焦点之一。正因为他有这样的看法，洪武三十年（1397）发生了南北榜的案件。事情是这样的，这一年的会试，由翰林学士湖南茶陵人刘三吾和纪善白信蹈等主考，榜发，江西泰和人宋琮考了第一，全榜没有一个北方人，举人们纷纷议论，不服气，难道北方人连一个够格的也没有，向皇帝

① 《明史》卷二八五，《赵壎传》附《陈基传》。

告状说主考官刘三吾等都是南方人，偏袒南人。朱元璋大怒，命侍讲张信等检查考卷，北方人还是没有及格的，朱元璋大不高兴。又有人告发张信等受了刘三吾等人的嘱托，故意拿不合格的卷子评阅。朱元璋大怒，把白信蹈等杀了，刘三吾这年已经八十五岁了，以其太老，免死充军边境，会元宋琮也充了军。朱元璋亲自出题目重考，考取了六十一人，全是北方人，当时叫这次会试为南北榜，也叫春夏榜。[①]

其实当时的实际情况是，北方经过长期战争破坏，生产水平低于南方，就教育、文化的发展说，南方是高于北方的。考卷照旧例弥封，考官并不能知道考生是南人是北人。刘三吾等只凭考卷文字决定去取，尽管所取全是南人，倒不定存有南北之见。经过北方考生几次抗议，引起了朱元璋的密切注意，他为了争取笼络北方的地主知识分子，重考的结果，一榜及第的全是北人，南人一个也没有，他是从政治出发的，从大一统国家的前提出发的，而不是单纯从考卷的优劣出发的。白信蹈等考官的被杀，宋琮的充军是冤枉的。

统治阶级的内部矛盾，也表现在地域关系上，淮西集团和非淮西集团，南人和北人之间都有极其激烈的斗争。前者的矛盾

---

①《明史》卷一三七，《刘三吾传》。

随着淮西集团的消灭，解决了。但是南方人和北方人的矛盾，却并未解决，后来国都迁到北方了，皇帝成为北人，朝廷上当权的也是北方人逐渐占优势，洪武以后两百多年间，随着朝廷上当权的是北方人还是南方人的不同情况，各自庇护本阶层本地区的利益，互相排挤，有若干次政治斗争，都和南人和北人的阶级内部利益矛盾有关。

（四）锦衣卫与东西厂[①]

在旧式的政体之下，皇帝只是代表他的家族以及外环的一特殊集团的利益，比较被统治的人民，他的地位不但孤立，而且永远是在危险的边缘，尊严的神圣宝座之下酝酿着待爆发的火山。为了家族的威权和利益的持续，他们不得不想尽镇压的法子，公开的律例，刑章，公开的军校和法庭不够用，也不便用，他们还需要造成恐怖空气的特种组织，特种监狱，和特种侦探，来监视每一个可疑的人，可以的官吏，他们用秘密的方法侦伺，搜查，逮捕，审讯，处刑。在军队中，在学校中，在政府机关中，在民间，在茶楼酒馆，在集会场所，甚至在交通孔道，大街小巷，

---

①原题为《明代的锦衣卫和东西厂》。首发于 1945 年 2 月 24 日昆明《民主周刊》第一卷第十期。

处处都有这类人在活动。执行这些任务的特殊组织，历代都有。在汉代有“诏狱”和“大谁和”，在唐有“丽景门”和“不良人”，在宋有“诏狱”和“内军巡院”，在明有锦衣卫和东西厂，在袁世凯时代则有“侦缉队”。

《出警入跸图》中的锦衣卫形象

锦衣卫和东西厂明人合称为卫厂。从 14 世纪后期到 17 世纪中叶，这两机关始终存在（中间曾经几度短期的废止，但不久即复设），锦衣卫是内廷的侦察机关，东厂则有宦官提督，最为皇帝所亲信，即锦衣卫也受其侦察。锦衣卫初设于明太祖时，是内廷亲军，皇帝的私人卫队，不隶都督府。其下有南北镇抚司，南镇抚司掌本卫刑名，北镇抚司专治诏狱，可直接取诏行事，不必经过外廷法司的法律手续，甚至本卫长官亦不得干预。[①]锦衣卫的正式职务，据《明史·职官志》说是“掌侍卫缉捕刑狱之事，凡盗贼奸宄，街涂沟洫，密缉而时省之”。经过嘉靖初年裁汰后，缩小事权，改为“专察不轨妖言人命强盗重事”[②]。其最主要的还是侦察“不轨妖言”，不轨是指政治上的反动者和党派，妖言指宗教的集团如弥勒教、白莲教、明教等。明太祖出身香军，深知“弥勒降生”和“明王出世”等宗教传说，对于渴望改善生活的一般农民，所发生的政治作用，是如何重大。他尤其了解聚众结社对现实政权有如何重大的意义和威胁，他从这两个活动中得到政权，也已为这政权立下基础，唯一使他焦急的问题是子子孙孙如何能永远不费事地继承这政权。他所感觉到的严重危机有两方面，其一是并肩起事的诸将，个个都身经百战，枭悍难制。其二是出身豪室的文臣，他们有地方的历史势力，有政治的声望，又有计谋，不易对付。这些人在他在位的时候，固然镇压得下，但也还惴惴不安。身后的

---

①王世贞：《锦衣志》。

②《明史·刑法志》。

继承人呢，太子忠厚柔仁，只能守成，不能应变。到太子死后，他已是望七高年，太孙不但幼稚，而且比他儿子更不中用，成天和一批腐儒接近，景慕三王，服膺儒术，更非制驭枭雄的角色。他为着要使自己安心，要替他儿孙斩除荆棘。便不惜用一切可能的残酷手段，大兴胡蓝党案，屠杀功臣，又用整顿吏治，治乱国用重刑的口实，把中外官吏地主豪绅也着实淘汰了一下，锦衣卫的创立和授权，便是发挥这个作用。经过几次大屠杀以后，臣民侧足而立，觉得自己的地位已经很安定了。为了缓和太过紧张的空气，洪武二十年（1387）下令焚毁锦衣卫刑具，把锦衣卫所禁闭的囚徒都送刑部。再隔六年，胡党蓝党都已杀完，不再感到政治上的逼胁了，于是又解除锦衣卫的典诏狱权，

锦衣卫飞鱼服实物

诏内外狱毋得上锦衣卫，大小案件都由法司处理。天下从此算太平了。[1]

不到十年，帝位发生争执，靖难兵起，以庶子出藩北平的燕王入居大位，打了几年血仗，虽然到了南京，名义上算做了皇帝，可是地位仍不稳固。因为第一，建文帝有出亡传说，宫内自焚的遗体中不能确定是否建文帝也在内，假如万一建文帝未死，很有起兵复国的可能。第二，他以庶子僭位，和他地位相同的十几个亲王看着眼红，保不住也重玩一次靖难的把戏。（这一点在他生前算是过虑，可是孙子登位后，果然又闹了一次叔侄交兵。）第三，当时他的兵力所及的只是由北平到南京一条交通线，其他地方只是外表表示服从。第四，建文帝的臣下，在朝的如曹国公李景龙驸马都尉梅殷等，在地方的如盛庸平安何福等都曾和他敌对作战。其他地方官吏文臣武僚，也都是建文旧人，不能立地全盘更动。这是他感觉有深临履薄的恐惧。在这样的情况之下，他用得着他父亲传下的衣钵，于是锦衣卫重复活动，一直到亡国，始终作为皇帝的耳目，担任猎犬和屠夫的双重任务。

锦衣卫虽然近亲，到底是外官，也许会徇情面，仍是不能放心。明成祖初起时曾利用建文帝时的宦官探消息，即位之后，以为这些内官忠心可靠，特设一个东厂，职务是“缉访谋逆妖

① 《明史·刑法志》。

言大逆等”，完全和锦衣卫相同。属官有贴刑，以锦衣卫千百户充任，所不同的是用内臣提督，通常都以司礼监秉笔太监第二人或第三人派充，关系和皇帝最密切权威也最重。[①]以后虽有时废罢，名义也有时更换为西厂或外厂，或东西厂内外厂并设，或在东西厂之上加设内行厂，连东西厂也在伺察之下。但在实际上，厂的使命是没有什么东（西）变更的。

厂与卫成为皇帝私人的特种侦探机关，其系统是锦衣卫监察侦伺一切官民，东（西）厂侦察一切官民及锦衣卫，有时或加设一最高机构，侦探一切官民和厂卫，如刘瑾的内行厂和冯宝的内厂，皇帝则直接监督一切侦缉机关。如此层层缉伺，层层作恶，人人自疑，人人自危，造成了政治恐怖。

厂卫同时也是最高法庭，有任意逮捕官吏平民，加以刑讯判罪和行刑的最高法律以外的权利。

卫的长官是指挥使，其下是官校，专司侦察，名曰缇骑。嘉靖时陆炳官缇帅，所选用卫士缇骑皆都中大豪，善把持长短，多布耳目，所睚眦无不立碎。所召募畿辅秦晋鲁卫骈胁超乘迹射之士以千计。卫之人鲜衣怒马而仰度支者凡十五六万人。[②]

---

①《明史》，《刑法志》《职官志》。

②王世贞：《锦衣志》。

四出迹访："凡缉绅之门，各有数人往来其间，而凡所缉访，止属风闻，多涉暧昧，虽有心口，无可辩白。各类计所获功次，以为升授。凭其可逞之势，而邀其必获之功，捕风捉影，每附会以仇其奸，非法拷讯，时威逼以强其认。"[①]结果，一般仕宦阶级都吓得提心吊胆，"常晏起早阖，毋敢偶语，旗校过门，如被大盗"。[②]抓到了人时，先找一个空庙祠宇榜掠了一顿，名为打赃，"有真盗者幸免，故令多攀平民以足数者，有括家囊为盗贼，而通棍恶以证其事者，有潜种图书陷人于妖言之律者，有怀挟伪批坐人以假印之科者，有姓名仿佛而荼毒连累以死者。"访拿所及，则"家资以空，甚至并同室之有而席卷以去，轻则匿于档头火长校尉之手，重则官与瓜分"。被访拿的一入狱门，便无生理，"五毒备尝，肢体不全。其最酷者曰琵琶，每上百骨尽脱，汗下如水，死而复生，如是者二三次，荼酷之下，何狱不成"。[③]

其提人止凭驾帖，弘治元年（1488）刑部尚书何乔新奏："旧制提人，所在官司必验精微批文，与符号相合，然后发遣。近者中外提人，只凭驾帖，既不用符，真伪莫辨，奸人矫命，

---

①傅维麟：《明书》卷七三。

②《明史·刑法志》。

③《明书》卷七三。

何以拒之？”当时虽然命令恢复批文捉人的制度，可是锦衣骑校却依旧只凭驾帖拘捕。[①]正德初周玺所说：“迩者皇亲贵幸有所奏陈，陛下据其一面之词，即行差官赍驾帖拿人于数百里之外，惊骇黎庶之心，甚非新政美事。”便是一个例子。

东厂的体制，在内廷衙门中最为隆重。凡内官奉差关防皆曰某处内官关防，惟东厂篆文为“钦差监督东厂官校力事太监关防”。[②]

《明史》记“其隶役皆取给于卫，最轻巧儇佶者乃充之。役长曰档头，帽上锐，衣青素裤褶，系小绦，白皮靴，专主伺察，其下番子数人为干事，京师亡命诓财挟仇视干事者为窟穴，得一阴事，由之以密白于档头，档头视其事大小先予之金，事曰起数，金曰买起数，既得事，帅番子至所犯家，左右坐曰打桩，番子即突入执讯之无有左证符牒，赃如数径去，少不如意，榜治之名曰乾醡酒，亦曰搬罾儿，痛楚十倍官刑，且授意使牵有力者，有力者予多金即无事，或靳不予，予不足，立闻上，下镇抚司狱，立死矣。”对于行政官吏所在，也到处派人伺察：“每月旦，厂役数百人掣签庭中，分瞰官府。”有听记坐记之别，“其视中府诸处会审大狱，北镇抚司拷讯重犯者曰听记，

---

①《明史·刑法志》。

②刘若愚：《酌中志》一六。

他官府及各城门缉访曰坐记”。所得秘密名曰打事件。即时由东厂转呈皇帝，甚至深更半夜也可随时呈进，“以故事无大小，天子皆得闻之，家人米盐猥事，宫中或传为笑谑，上下惴惴，无不畏打事件者”。

锦衣卫到底比不上东厂亲近，报告要用奏疏，东厂则可以直达。以此，厂权就高于卫。

东厂的淫威，试举一例。当天启时，有四个平民半夜里偷偷在密室喝酒谈心，酒酣耳热，有一人大骂魏忠贤，余二人听了不敢出声，骂犹未了，便有番子突入，把四人都捉去，在魏忠贤面前把发话这人剥了皮，余三人赏了一点钱放还，这三人吓得魂不附体，差一点成了疯子。

锦衣卫狱即世所称诏狱，由北镇抚司专领。北镇抚司本来是锦衣卫指挥使的属官，品秩极低，成化十四年（1478）增铸北司印信，一切刑狱不必关白本卫，连卫所行下的公事也可直接上请皇帝裁决，卫指挥使不敢干预，因之权势日重。外廷的三法司（刑部、大理寺、都察院）不敢与抗。嘉靖

刘球[1]像

①刘球：明英宗时因直谏而死在诏狱的官员。

二年（1523），刑科给事中刘济上言："国家置三法司以理刑狱，其后有锦衣卫镇抚司专理诏狱，缉访于罗织之门，锻炼与诏狱之手，裁决于内降之旨，而三司几于虚设矣。"[1]其用刑之惨酷，有非人类所能想象，沈德符记，"凡厂卫所廉谋反杀逆及强盗等重辟，始下锦衣之镇抚司拷问，寻常止曰打着问，重者加好生二字，其最重大者则曰好生着实打着问，必用刑一套，凡十八种，无不试之。"[2]用刑一套为全刑，曰械，曰镣，曰棍，曰拶，曰夹棍，五毒备具，呼号声沸然，血肉溃烂，宛转求死不得。[3]诏狱"室卑入地，墙厚数仞，即隔壁号呼，悄不闻声，每市一物入内，必经数处检查，饮食之属十不能得一，又不得自主火，虽严寒不过啖冷炙披冷衲而已。家人辈不但不得随入，亦不许相面。惟于拷问之期，得遥于堂下相见。"[4]天启五年（1625）遭党祸被害的顾大章所作《狱中杂记》里说："予入诏狱百日而奉旨暂发（刑）部者十日，有此十日之生，并前之百日皆生矣。何则，与家人相见，前之遥闻者皆亲证也。"拿诏狱和刑部狱相比，竟有天堂地狱之别。瞿式耜在他的《陈时

① 《明世宗实录》。
② 《野获编》卷二一。
③ 《明史·刑法志》。
④ 《野获编》。

政急著疏》中也说："往者魏崔之世，凡属凶网，即烦缇骑，一属缇骑，即下镇抚，魂飞汤火，惨毒难言，苟得一送法司，便不啻天堂之乐也。"[①]被提者一入抚狱，便无申诉余地，坐受榜掠。魏大中《自记年谱》："十三日入都羁锦衣卫东司房，二十八日许显纯崔应元奉旨严鞫，许既迎二魏（忠贤、广微）意，构汪文言招辞而急毙之以灭口。对簿时遂龂龂如两造之相质，一桚敲一百，穿梭一夹，敲五十板子，打四十棍，惨酷备至，而抗辩之语悉阏不得宣。""六君子"被坐的罪名是受熊廷弼的贿赂，有的被刑自忖无生理，不得已承顺，希望能转刑部得生路，不料结果很坏，厂卫勒令追赃，"遂五日一比，惨毒更甚。比时累累跪阶前，诃垢百出，裸体辱之，弛杻则受桚，弛桚则受夹，弛桚与夹则仍戴杻镣以受棍，痛创未复，不再宿复加榜掠。后讯时皆不能跪起荷桎梏，平卧堂下。"[②]终于由狱卒之手秘密处死，死者家人至不知死法及死期，苇席裹尸出牢户，虫蛆腐体。六君子是杨涟、左光斗、顾大中、袁化中、周朝瑞、顾大章，都是当时的清流领袖，朝野表率，为魏忠贤臣所忌，天启五年（1625）相继死于诏狱。

---

①《瞿忠宣公集》卷一。

②《明史纪事本末》卷七一。

除了在狱中的非刑之外，和厂卫互相表里的一件恶政是廷杖，锦衣卫始自明太祖，东厂为明成祖所创设，廷杖却是抄袭元朝的。

在元朝以前，君臣之间的距离还不十分悬绝，三公坐而论道，和皇帝是师友，宋朝虽然臣僚在殿廷无坐处，却也还礼貌大臣，绝不加以非礼的行为，“士可杀不可辱”这一传统的观念，上下都能体会。蒙古人可不同了，他们根本不了解士的地位，也不能用理论来装饰殿廷的庄严。他们起自马上，生活在马上，政府中的臣僚也就是军队中的将校，一有过错，拉下来打一顿，打完照旧办事，不论是中央官，地方官，在平时，或是在战时，臣僚挨打是家常便饭，甚至中书省的长官，也有在殿廷被杖的记载。明太祖继元而起，虽然一力“复汉宫之威仪”，摒弃胡俗胡化，对于杖责大臣这一故事，却习惯地继承下来，著名的例子，被杖死的如亲侄大都督朱文正，工部尚书薛祥，永嘉侯朱亮祖父子，部曹被廷杖的如主事茹太素。从此殿陛行杖，习为祖制，正德十四年（1519）以南巡廷杖舒芬等百四十六人，死者十一人。循至方面大臣多毙杖下，幸而不死，犯公过的仍须到官办事，犯私仇者再下诏狱处死 。[①]至于前期和后期廷杖之

①《明史·刑法志》。

不同，是去衣和不去衣，沈德符说：“成化以前诸臣被杖者皆带衣裹毡，不损肤膜，然犹内伤困卧，需数旬而后起，若去衣受笞，则始于逆瑾用事，名贤多死，今遂不改。”[1]廷杖的情形，据艾穆所说，行刑的是锦衣官校，监刑的是司礼监：“司礼大珰数十辈捧驾帖来，首喝曰带上犯人来，每一喝则千百人一大喊以应，声震甸服，初喝跪下，宣驾帖杖吾二人，着实打八十棍，五棍一换，总之八十棍换十六人。喝着实打，喝打阁上棍，次第凡四十六声，皆大喊应如前首喝时，喝阁上棍者阁棍在股上也。杖毕喝踩下去，校尉四人以布袱曳之而行。”[2]天启时万璟被杖死的情形，樊良材撰《万忠贞公传》说：“初璟劾魏珰疏上，珰恚甚，矫旨廷杖一百。褫斥为民。彼一时也，缇骑甫出，群聚蜂拥，绕舍骤禽，饱恣拳棒，摘发捉肘，拖沓摧残，曳至午门，已无完肤。迨行杖时逆珰领小竖数十辈奋袂而前，执金吾（锦衣卫指挥使）止之曰留人受杖，逆珰瞋目监视，倒杖张威，施辣手而甘心焉。杖已，血肉淋漓，奄奄待尽。”

廷杖之外，还有立枷，创自刘瑾，锦衣卫常用之：“其重枷头号者至三百斤，为期至二月，已无一全。而最毒者为立枷，不旬日必绝。偶有稍延者，命放低三数寸，则顷刻殒矣。凡枷

---

①《野获编》卷一八。

②《熙亭先生文集》四，《恩谴记》。

未满期而死，则守者抔土掩之，俟期满已请，始奏闻领埋，若值炎暑，则所存仅空骸也，故谈者谓重于大辟云。”[1]

诏狱、廷杖、立枷之下，士大夫不但可杀，而且可辱，君臣间的距离愈来愈远，“天皇圣明，臣罪当诛”，打得快死而犹美名之曰恩遣，曰赐杖，礼貌固然谈不到，连主奴间的恩意也因之荡然无存了。

厂卫之弊，是当时人抗议最最集中的一个问题，但是毫无效果，并且愈演愈烈。著例如商辂《请革西厂疏》说：“今日伺察太繁，法令太急，刑网太密，官校提拿职官，事皆出于风闻，暮夜搜检家财，初不见有驾帖，人心汹汹各怀疑畏。内外文武重臣，托之为股肱心膂者也，亦皆不安于位。有司庶府之官，资之以建立政事者也，举皆不安于职，商贾不安于市，行旅不安于涂，士卒不安于伍，黎民不安于业。”在这情形下，任何人都有时时被捕的危险。反之，真是作恶多端的巨恶大憝，只要能得到宫廷的谅解，更可置身法外。《明史·刑法志》说：“英宪以后，钦恤之意微，侦伺之风炽，巨恶大憝，案如山积，而旨从中下，纵之不问。或本无死理，而片纸付诏狱，为祸尤

---

①《野获编》卷一八。

烈。”明代二祖设立厂卫之本意，原在侦察不轨，尤其是注意官吏的行动。隆庆中刑科给事中舒化上疏只凭表面事理立论，恰中君主所忌，他说：“朝廷设立厂卫，所以捕盗防奸细，非以察百官也。驾驭百官乃天子之权，而奏劾诸司责在台谏，朝廷自有公论。今日暗访之权归诸厂卫，万一人非正直，事出冤诬，是非颠倒，殃及善良，陛下何由知之。且朝廷既凭厂卫，厂卫必委之番役，此辈贪残，何所不至！人心忧危，众目睚眦，非盛世所宜有也。”[①]至于苛扰平民，则更非宫廷所计及，杨涟劾魏忠贤二十四大罪疏，中曾特别指出：“东厂原以察奸细，备非常，非扰平民也。自忠贤受事，鸡犬不宁，而且直以快恩怨，行倾陷，片语违，则驾帖立下，造谋告密，日夜未已。”[②]甚至在魏忠贤失败以后，厂卫的权力仍不因之动摇，刘宗周上疏论其侵法司权限，讥为人主私刑，他说：“我国家设立三法司以治庶狱，视前代为独详，盖曰刑部所不能决者，都察院得而决之，部院所不能平者，大理寺得而平之，其寓意至深远。开国之初，高皇帝不废重典以惩巨恶，于是有锦衣之狱。至东厂缉事，亦国初定都时偶一行之于大逆大奸，事出一时权宜，后日遂相沿

---

①《春明梦余录》卷六三。

②《杨忠烈公文集》二。

而不复改，得与锦衣卫比周用事，致人主有私刑。自皇上御极以后，此曹犹肆罗织之威，日以风闻事件上尘睿览，辇毂之下，人人重足。”结果是：“自厂卫司讥访而告奸之风炽，自诏狱及士绅而堂廉之等夷，自人人救过不给而欺罔之习转盛，自事事仰承独断而谄谀之风日长，自三尺法不伸于司寇而犯者日众。”[①]

厂卫权威日盛，使厂卫二字成为凶险恐怖的象征，破胆的霹雳，游民奸棍遂假为恐诈之工具，京师外郡并受荼毒，其祸较真厂卫更甚。崇祯四年（1631）给事中徐荣国《论厂卫疏》历举例证说：“如绸商刘文斗行货到京，奸棍赵瞎子等口称厂卫，捏指漏税，密擒于崇文门东小桥庙内，诈银二千余两。长子县教官，擢升县令，忽有数棍拥入其寓内，口称厂卫，指为营干得来，诈银五百两。山西解官买办黑铅照数交足，众棍窥有余剩在潞紬铺内，口称厂卫，指克官物，捉拿王铺等四家，各诈银千余两……蓟门孔道，假侦边庭，往来如织……至于散在各衙门者，藉口密探，故露踪迹，纪言纪事，笔底可操祸福，书吏畏其播弄风波，不得不醵金阴饵之，遂相沿为例而莫可问。”[②]崇祯十五年（1642）御史杨仁愿疏《论假番及东厂之害》说：“臣待

① 《刘子全书》一六《痛陈时艰疏》，一七《敬循执掌疏》。

② 《春明梦余录》卷六三。

罪南城所阅词讼多以假番故称冤，夫假称东厂，犹害如此，况其真乎？此由积重之势然也。所谓积重之势者，功令比较事件，番役每悬价以买事件，受买者至诱人为奸盗而卖之。番役不问其从来，诱者分利去矣。挟忿首告，诬以重法，挟者志无不逞矣。伏愿宽东厂事件而后东厂之比较可缓，东厂之比较缓而番役之买事件与卖事件者俱可息，积重之势庶可稍轻。”[①]抗议者的理由纵然充分到极点，也不能消除统治者孤立自危的心理。《明史》说：“然帝（思宗）倚厂卫益甚，至亡国乃已。”

民国二十三年十二月旧稿，三十三年五月
为纪念甲申三百年重写于昆明

① 《明史》，《刑法志》三。

经济：
资本主义的萌芽

帝国的棉花

棉布传入中国很早，南北朝时从南洋诸国输入，称为吉贝、白叠。[①]国内西北高昌（今新疆吐鲁番）产棉，唐灭高昌，置西州交河郡，土贡氎布。氎布就是白叠。[②]宋元间已有许多地区种棉，但是在全国规模内普遍种植和纺织技术的提高，则是明朝初年的事情。[③]

在明代以前，平民穿布衣，布衣指的是麻布的衣服。[④]冬衣

---

①张勃：《吴录·地理志》；《南史》，《呵罗单传》《干陀利传》《婆利传》《中天竺传》《渴盘陀传》；《北史·真腊传》《梁书·林邑传》；《唐书·环王传》。

②《南史·高昌传》；《唐书·地理志》。

③明丘濬《大学衍义补》："至我国朝，其种乃遍布于天下，地无南北皆宜之，人无贫富皆赖之，其利视丝枲盖百倍焉。故表出之，使天下后世，知卉服之利，始盛于今代。"

④孔鲋《小尔雅》："麻纻葛曰布。"桓宽《盐铁论》："古者庶人耋老而后衣丝，其余则仅麻枲，故曰布衣。"《陈书·姚察传》："门生送麻布一端，谓之曰：'或所衣者，止是麻布。'"

赶棉车（轧花车）

弹棉

擦条（搓棉条）

纺缕（纺棉纱）

《天工开物》中的布衣赶弹图

南方多用丝棉作袍，北方多用毛皮作裘。虽然也有用棉布作衣服卧具的，但因为“不自本土所产，不能足用”。[1]唐元稹诗：“木绵温软当棉衣。”元太祖世祖遗衣皆缣素木绵，动加补缀。[2]宋谢枋得诗：“洁白如雪积，丽密过锦纯，羔缝不足贵，狐腋难比伦……剪裁为大裘，穷冬胜三春。”[3]可见棉布到宋末还是很珍贵的物品。

宋代福建、广东种植棉花的日多[4]，琼州是纺织中心之一，妇女以吉贝织为衣衾，是当地黎族的主要副业生产。[5]元代从西域输入种子，种于陕西，捻织毛丝，或棉装衣服，特为轻暖。[6]元灭南宋后，浙东、江东、江西、湖广诸地区也推广棉花的种

---

①王祯：《木棉图谱序》，引《诸番杂志》。

②《元史·英宗本纪》。

③《古今图书集成》，《木绵部》。

④周去非：《岭外代答》卷六；赵汝括：《诸番志》下。方勺《泊宅编》：“闽广多种木绵。”彭乘《续墨客挥犀》上：“闽岭以南多木棉，土人竞植之，有至数千株者，采其花为布，号吉贝布。”《通鉴》卷一五九胡三省注：“木绵江南多有之……织以为布，闽广来者尤为丽密。”邱濬《大学衍义补》：“宋元之间始传其种入中国，关陕闽广首得其利，盖此物出外夷，闽广通海舶，关陕壤接西域故也。”李时珍《本草纲目》：“此种出南番，宋末始人江南”。

⑤《宋史·崔与之传》。

⑥《农桑辑要》卷二。

植，生产量增加，棉布成为商品，服用的人日多。[①]至元二十六年（1289）四月置浙东、江东、江西、湖广、福建木绵提举司，责令当地人民每年输纳木绵十万匹，以都提举司总之。二十八年（1291）五月罢江南六提举司岁输木棉。[②]成宗元贞二年（1296）始定江南夏税输以木绵布绢丝绵等物。[③]

由于种棉面积的增加，种植和纺绩的技术需要总结和交流，元世祖至元十年（1273）司农司编印《农桑辑要》，以专门篇幅记棉花的种植方法。[④]纺绩的工具和技术由于各地方劳动人民的创造和交流，日益进步。据12世纪80年代间的记载，雷化廉州南海黎峒的少数民族，采集棉花后，“取其茸絮，以铁筋辗去其子，即以手握茸就纺”[⑤]。稍后的记载提到去子后，“徐以小弓，弹令纷起，然后纺绩为布”[⑥]。到13世纪中期，诗人描写长江流域纺绩情形说：“车转轻雷秋纺雪，弓湾半月夜弹去。”[⑦]

---

①王祯《木棉图谱序》：“木棉产自海南，诸种艺制作之法，骎骎北来，江淮川蜀既获其利。至南北混一之后，商贩于此，被服渐广，名曰吉布，又曰棉布。”

②《元史》卷一五，《世祖本纪》。

③《元史》卷九三，《食货志》，《税粮》。

④《农桑辑要》卷二。

⑤赵汝括：《诸番志》下；周去非：《岭外代答》卷六。

⑥方勺：《泊宅编》中。

⑦陆心源：《宋诗纪事补》卷七五，艾可叔：《木棉诗》。

已经有纺车、弹弓和织机了。江南地区的织工，“以铁铤辗去其核，取如绵者，以竹为小弓，长尺四五寸许，牵弦以弹棉，令其匀细，卷为小筒，就车纺之，自然抽绪如缫丝状”。但是所织的布，不如闽广出产的丽密。[①]琼州黎族人民所织的巾，上出细字，杂花卉，尤为工巧。[②]黄河流域主要陕西地区的纺织工具和技术比较简陋，只有辗去棉子的铁杖和木板，棉花的用途只是捻织粗棉线和装制冬衣。[③]一直到13世纪末年，松江乌泥泾的人民，因为当地土地硗瘠，粮食不够，搞副业生产，从闽广输入棉花种子，还没有蹈车椎弓这些工具，用手剖去子，用线弦竹弧弹制，工具和技术都很简陋，产品质量不高，人民生活还是很艰苦。[④]

元成宗元贞间（1295—1296）乌泥泾人黄道婆从琼州附海舶回到故乡，她从小就在琼州旅居，带回来琼州黎族人民的先进纺织工具和技术，教会家乡妇女以做造、扞、弹、纺、织之具，和错纱、配色、综线、絜花的技术，织成被褥带帨，其上折技、团凤、棋局、字样，粲然若写。一时乌泥泾所制之被成为畅销商品，名扬远近，当地人民生活提高，靠纺织生活的有一千多家。[⑤]诗人

---

①《资治通鉴》卷一五九，胡三省注。

②方勺：《泊宅编》中。

③《农桑辑要》。

④陶宗仪：《辍耕录》卷二四，《黄道婆》。

⑤王逢：《梧溪集》卷三，《黄道婆祠》。

歌咏她：“崖州布被五色缫，组雾钏云粲花草，片帆鲸海得风回，千柚乌泾夺天造。”[①]当地妇女参加纺绩生产的情形，诗人描写：“乌泾妇女攻纺绩，木棉布经三百尺，一身主宰身窝低，十口勤劳指头直。”[②]到了明朝初年，不但江南地区的农村妇女普遍参加纺绩劳动，连有些地主家庭的妇女，也纺纱绩布，以给一岁衣资之用了。[③]松江从此成为明代出产棉布的中心，“其布之丽密，他方莫并”[④]。“衣被天下。”[⑤]松江税粮宋绍兴时只有十八万石，到明朝增加到九十七万石，其他杂费又相当于正赋，负担特别重，主要是依靠纺织工业的收入，“上供赋税，下给俯仰”[⑥]。

黄道婆像

黄道婆传入琼州制棉工具和技术之后的二十年，王祯所著《农书》，列举制棉工具有搅车即蹈车，是去棉

①王逢：《梧溪集》卷三，《黄道婆祠》。
②王逢：《梧溪集》卷七，《半古歌》。
③郑涛《旌义编》二：“诸妇每岁公堂（公共所有）于九月俵散木棉，使成布匹，限以次年八月交收，通卖钱物，以给一岁衣资之用。”郑涛是浙江浦江著名大族地主郑义门的族长，《旌义编》有洪武十一年宋濂序。
④《群芳谱》。
⑤《梧浔杂佩》。
⑥徐光启：《农政全书》卷三五，《木棉》。

子用的。二弹弓，长四尺许，弓身以竹为之，弦用绳子。三卷筵，用无节竹条扞棉花成筒。四纺车。五拨车，棉纱加浆后稍干拨于车上。六軖车，用以分络棉线。七线架。到元末又有了檀木制的椎子，用以击弦。[①]生产工具更加完备和提高了，为明代纺织工业的发展准备了技术条件。

朱元璋起事的地区，正是元代的棉业中心之一。灭东吴后，又取得当时全国纺织业中心的松江，原料和技术都有了基础，使他深信推广植棉是增加农民收入和财政收入的有效措施。龙凤十一年（1365）下令每户农民必须种木棉半亩，田多的加倍。洪武元年（1368）又把这一法令推广到全国。棉花的普遍种植和纺织技术的不断提高，明代中叶以后，棉布成为全国流通的商品，成为人民普遍使用的服装原料，不论贵贱，不论南北，都以棉布御寒，百人之中，止有一人用茧绵，其余都用棉布。过去时代人穿的媪袍，用旧絮装的冬衣，完全被用木棉装的胖袄所代替了。[②]就全国而论，北方河南、河北气候宜于植棉，地广人稀，种植棉花的面积最大，是原料的供给中心。南方特别是长江三角洲一带，苏州、松江、杭州等地人民纺绩技术高，

---

①参看俞正燮：《癸巳类稿》卷一四，《木棉考》。冯家升：《我国纺织家黄道婆对于棉织业的伟大贡献》，载《历史教学》，1954年第4期。

②宋应星：《天工开物》卷上，《乃服》。

是纺绩工业的中心。这样又形成原料和成品的交流情况，原棉由北而南，棉布由南而北。[①] 从经济上把南方和北方更紧密地联系起来了。

明初松江之外，另一纺织工业中心是杭州，由于简单商品经济的发展，出现了置备生产工具和原料的大作坊资本家，和除双手以外一无所有出卖劳动力的手工业工人。资本家雇用工人，每天工作到夜二鼓，计日给工资。这种新的剥削制度的出现，正表示着社会内部新的阶级的形成，除封建地主对农民的剥削以外，又产生了大作坊资本家对手工业工人的剥削关系。明初曾经做过杭州府学教授徐一夔所作的《织工对》，典型地记述了这种新现象：

钱塘相安里有饶于财者，率居工以织，每夜至二鼓。老屋将压，杼机四五具南北向，列工十数人，手提足蹴，皆苍然无神色。日佣为钱二百，衣食于主人。以日之所入，养父母妻子，虽食无甘美而亦不甚饥寒。于凡织作，咸极精致，为时所尚。故主之聚易以售；而佣之直亦易以入。有同业者佣于他家，受直略相似。久之，乃曰：吾艺固过于人，而受直与众工等，当求倍直者而为之佣。已而他家果倍其直。佣之主者阅其织果异

①王象晋：《木棉谱序》；徐光启：《农政全书》卷三五，《木棉》。

于人，他工见其艺精，亦颇推之。主者退自喜曰：得一工胜十工，倍其直不吝也。[①]

由此可见明初大作坊的一般情况，值得注意的是：在同一里巷，有若干同一性质的大作坊；大作坊主人同时也是棉布商人；从个体的生产到大作坊的集体生产，有了单纯协作，出品精致畅销；经营这种大作坊有利可图，资本家很赚钱，作坊也多了。资本家付给技术高的工人工资，虽为一般工人工资的两倍，但仍可得到五倍的剩余价值。

棉花棉布的生产量大大增加，政府的税收也增加了，以税收形式缴给国库的棉花棉布，成为供给军队的主要物资和必要时交换其他军需物资的货币代用品。洪武四年（1371）七月诏中书省："自今凡赏赐军士，无妻子者给战袄一袭；有妻子者给棉布二匹。"[②]每年例赏，如洪武二年（1369）六月以木棉战袄十一万赐北征军士[③]，四年（1371）七月，赐长淮卫军士棉布人二匹，在京军士十九万四百余人棉布人二匹。[④]十二（1379）年给陕西都指挥使司并护卫兵十九万六千七百余人棉布五十四万

①《始丰稿》卷一。徐一夔，天台人，《明史》卷二八五有传。

②《明太祖实录》卷六七。

③《明太祖实录》卷四二。

④《明太祖实录》卷六七。

余匹，棉花十万三千三百余斤。[1]北平都指挥使司卫所士卒十万五千六百余人布二十七万八千余匹，棉花五万四千六百余斤。[2]十三年（1380）赐辽东诸卫士卒十万二千一百二十八人，棉布四十三万四百余匹，棉花十七万斤。十六年（1383）给四川等都司所属士卒五十二万四千余人，棉布九十六万一千四百余匹，棉花三十六万七千余斤。[3]十八年（1385）给辽东军士棉布二十五万匹，北平燕山等卫棉布四十四万三千匹，太原诸卫士卒棉布四十八万匹，等等。[4]平均每年只赏赐军衣一项已在百万匹上下，用作交换物资的如洪武四年（1371）七月以北平、山西运粮困难，以白金三十万两、棉布十万匹，就附近郡县易米，以给将士。又以辽东军卫缺马，发山东棉布贯马给之。[5]十三年（1380）十月，以四川白渡纳溪的盐换棉布，遣使入西羌买马。[6]十七年（1384）七月诏户部以棉布往贵州换马，得马一千三百匹。三十年（1397）以棉布九万九千匹往“西番”

---

① 《明太祖实录》卷一二五。

② 《明太祖实录》卷一二八。

③ 《明太祖实录》卷一五〇、一五六。

④ 《明太祖实录》卷一七二、一七四。

⑤ 《明太祖实录》卷六七。

⑥ 《明太祖实录》卷一三四。

换马一千五百六十匹。[1]皇族每年供给，洪武九年（1376）规定亲王冬夏布各一千匹，郡王冬夏布各一百匹。[2]在特殊需要的情况下，临时命令以秋粮改折棉布，如六年（1373）九月诏直隶府州和浙江、江西二行省，今年秋粮以棉布代输，以给边戍。[3]

《天工开物》中的纺织图

---

① 《明太祖实录》卷一六三、二五二。

② 《明太祖实录》卷一四。

③ 《明太祖实录》卷八五。

和鼓励普遍植棉政策相反，朱元璋对矿冶国营采取消极的方针。往往听任人民自由开采。磁州临水镇产铁，元时尝于此置铁冶，炉丁万五千户，每年收铁百余万斤。洪武十五年（1382）有人建议重新开采，朱元璋以为利不在官则在民，民得其利则利源通而有利于官，官专其利则利源塞而必损于民。而且各冶铁数尚多，军需不缺，若再开采，必然扰民。把他打了一顿，流放海外。[①] 济南、青州、莱州三府每年役民二千六百六十户，采铅三十二万三千多斤，以凿山深而得铅少，也命罢采。[②] 十八年（1385）以劳民罢各布政司煎炼铁冶。二十五年（1392）重设各处铁冶，到二十八年（1395）内库贮铁三千七百四十三万斤，后备物资已经十分充足，又命罢各处铁冶。并允许人民自由采炼，岁输课程，每三十分取其二。三十一年（1398）以内库所贮铁有限，而营造所费甚多，又命重开铁冶。[③]综计洪武时代设置的铁冶所：江西进贤、新喻、分宜，湖广兴国、黄梅，山东莱芜，广东阳山，陕西巩昌，山西交城、吉州、太原、泽、潞各一所共十三所。此外还有河南均州新安、四川蒲江、湖南茶陵等冶，每年输铁一千八百四十余万斤。[④]

---

①《明太祖实录》卷一四五。

②《明太祖实录》卷一五〇。

③《明太祖实录》卷一七六、二四二、二五六。

④《明史》卷八一，《食货志》，《铁冶所》，《大明会典》。

宫廷和军队所需的一切物品，都由匠户制造。匠户是元明两代的一种特殊制度，把有技艺的工匠征调编为匠户，子孙世袭。分为民匠、军匠二种。明初匠户的户籍，完全依据元代的旧籍，不许变动。[①]洪武二十六年（1393）定每三年或二年轮班到京役作的匠户名额为二十三万二千八十九名，[②]由工部管辖。固定作工的叫住坐匠户，由内府内官监管辖。军匠大部分分属于各地卫所，一部分属于内府兵仗局、军器局和工部的盔甲厂。[③]属各地卫所的军匠总数二万六千户。[④]每户正匠做工，得免杂差，仍免家内一丁以帮贴应役。余丁每名每年出办缴纳工食银三钱，以备各衙门因公务取役雇觅之用。正匠每月工作十天，月粮由官家支给。[⑤]

轮班匠户包括六十二行匠人。后来又细分为一百八十八种行业，从贱纸、表背、刷印、刊字、铁匠、销金、木、瓦、油、漆、象牙、纺棉花，到神箭、火药等等，每种人数由一人到八百七十五人不等。内廷有织染局、神帛房，和后湖（今南京玄武湖）织造局，四川、山西诸行省和浙江绍兴织染局，规模

---

①《大明会典》卷一九，《户口》。

②《大明会典》卷一八九；《明史·严震直传》。

③《大明会典》卷一八八。

④《明史》卷一五七，《张本传》。

⑤《大明会典》卷一八九。

都较大。留在地方的匠户除执役于本地织染局的以外，如永平府就有银、铁、铸铁、锡、钉铰、穿甲等二十二行。[①]

匠户人数多，分工细，凡是宫廷和军队所需用的手工业制造品，都由匠户执役的官手工业工场的各局制造供给。这种封建制度的生产，使得宫廷和军队的需要，不需倚靠市场，便可得到满足；同时它所生产的成品，亦不在市场流通，这样，就直接对社会上的私人手工业作坊的扩大生产起了束缚和阻碍的作用。官手工业工场的生产是不须计较成本的，因为劳力和原料都可以向人民无代价征发或由全国各地贡品的方式供给，不受任何限制，官营手工业工场的产品即使有部分作为商品而流入市场，私人手工业作坊的产品也不能和它竞争；在另一面，自元代以来就把技术最好的工人签发为匠户，子孙世袭，连技术也被垄断了，私人手工业作坊所能雇用的只是一般工人，技术提高受了一定的限制。明初把匠户分作住坐、轮班两种，轮班的除分班定期轮流应役以外，其余的时间归自己支配，制成的产品可以在市场出售，对于技术的钻研及其改进发生一定的刺激作用，所以轮班制对于社会生产力的发展是比较上为害略小的。但是总而言之，这种无偿的强制的劳役，不能不引起匠

①吴晗：《元明两代之“匠户”》，载《云南大学学报》，第一期，1938年。

户的反抗，逃亡之外，唯一可以采取的手段是怠工和故意把成品质量降低。以此，匠户制度虽然曾经在个别情况下对生产技术的改进起了作用，推进了社会生产力的发展，但就其全面而说，则是束缚和阻碍生产技术的不断提高；妨碍私人手工业工场的发展；隔绝商品的流通；对社会生产力的发展和原始资本积累都起着扼制、停滞的消极作用。

朱元璋对商业采取轻税政策，凡商税三十分取一，过此者以违令论。税收机构在京为宣课司，府县为通课司。洪武元年（1368）诏中书省，命在京兵马指挥司并管市司，三日一次校勘街市斛斗秤尺，稽考牙侩姓名，规定物价。在外府州各城门兵马，一体兼管市司。[①] 十三年（1380）谕户部，自今军民娶嫁丧葬之物，舟车丝布之类都不征税。并大量裁减税课司局三百六十四处。南京人口密集，军民住宅都是公家修建，连廊栉比，没有空地。商人货物到京无处存放，有的停在船上，有的寄放城外，牙侩从中把持价格，商人极以为苦。朱元璋了解这种情况以后，就叫人在三山门等门外盖几十座房子，叫作塌坊，专放商货，上了税后听其自相贸易。[②]为了繁荣市面，二十七年（1394）命工部建十五座楼房于江东诸门之外，令民设酒肆其间，

---

①《明太祖实录》卷三四。

②《明太祖实录》卷二；《明史》卷八一，《食货志》，《商税》。

以接四方宾客，名为鹤鸣、醉仙、讴歌、鼓腹、来宾、重译等等。修好后还拿出一笔钱，让文武百官大宴于醉仙楼，庆祝天下太平，与民同乐。[①]

棉花的普遍种植，棉布质量的提高，工资制手工业作坊的产生，新的蚕丝纺织工业区的开辟，轮班匠的技术和产品的投入市场等等，加上税收机构的减缩和轻税政策的刺激，商业市场大大活跃了，不但联系了南方和北方，也联系了城市和乡村以及全国的边远地区，繁荣了经济，改善了提高了人民生活，进一步地加强了国家的统一。

商品的生产和吐纳的中心，手工业作坊和批发行号的所在地，集中着数量相当巨大的后备工人和小商摊贩，城市人口剧烈地增加了。明初的工商业城市有南京、北平、苏州、松江、镇江、淮安、常州、扬州、仪真、杭州、嘉兴、湖州、福州、建宁、武昌、荆州、南昌、吉安、临江、清江、广州、开封、济南、济宁、德州、临清、桂林、太原、平阳、蒲州、成都、重庆、泸州等地。[②]

随着生产的恢复和发展，工商业的活跃，作为贸易媒介的全国统一货币的需要是愈来愈迫切了。

---

①《明太祖实录》卷二三四。

②《明宣宗实录》卷五〇。

在朱元璋称王以前，元代的不兑现纸币中统交钞因为发行过多；军储供给，赏赐犒劳，每日印造，不可数计，舟车装运，轴轳相接，京师用钞十锭（一锭为钞五十贯，一贯钞的法定价格原为铜钱一千文）换不到一斗米。[①]至正十六年（1356）中统交钞已为民间所拒用，交易都不用钞，所在郡县都以物货相交易。[②]十七年（1357）铸至正之宝大钱五品称为权钞，以硬币代替纸币，结果纸币也罢，大钱代钞也罢，人民一概不要。人民嘲笑权钞的歌谣中说："人吃人，钞买钞，何曾见？"

朱元璋占应天后，首先铸大中通宝钱，以四百文为一贯，四十文为一两，四文为一钱。平陈友谅后，命江西行省置货泉局。即帝位后，发行洪武通宝钱，分五等：当十、当五、当三、当二、当一。当十钱重一两，当一钱重一钱。应天置宝源局，各行省都设宝泉局专管铸钱，严禁私铸。洪武四年（1371）改铸大中洪武通宝大钱为小钱。虽然有了统一的货币，但是铜钱分量重，价值低，不便于数量较大的交易，也不便于远地转运，并且，商人用钞已经有了长期的历史，成为习惯了；用钱感觉不方便，很有意见。[③]

---

①《元史》卷九七，《食货志》，《钞法》。

②孔齐：《至正直记》卷一；《元史》卷九七，《食货志》，《钞法》。

③《明史》卷八一，《食货志》，《钞法》。

铜钱不便于贸易，决定发行纸币。七年（1374）设宝钞提举司，下设抄纸、印钞二局，宝钞、行用二库。八年（1375）命中书省造“大明宝钞”，以桑穰为纸料，纸质青色，高一尺，广六寸，外为龙文花栏，上横额题“大明通行宝钞”，其内上栏之两旁各篆文四字：右旁篆“大明宝钞”，左旁篆“天

明朝银票

下通行”。其中图绘钱贯形状，以十串为贯，标明币值一贯，下栏是：“中书省（十三年后改为户部）奏准印造大明宝钞，与铜钱通行使用，伪造者斩，告捕者赏银二十五两。（十三年后改为赏银二百五十两）仍给犯人财产。洪武年月日。”背和面都加盖朱印。边沿标记字号一贯的画钱十串，五百文的画五串，以下是四百文、三百文、二百文、一百文，共六种。规定每钞一贯准钱千文，银一两。四贯准黄金一两。二十一年（1388）加造从十文到五十文的小钞。[1]

为了保证宝钞的流通，在发行时就以法律禁止民间不得以金银物货交易，违者治罪，告发者就以其物给赏。人民只准以金银向政府掉换宝钞。并规定商税钱钞兼收，比例为收钱十分之三，收钞十分之七，一百文以下的止收铜钱。[2] 在外卫所军士每月食盐给钞，各盐场给工本钞。十八年（1385）命户部凡天下官禄米以钞代给，每米一石支付钞二贯五百文。

宝钞的发行是适合当时人民需要的，对商业的繁荣起了作用。但是朱元璋抄袭元朝的钞法，只学了后期崩溃的办法，没有懂得元代前期钞法之所以通行，受到广大人民喜爱的道理。

---

①《大明会典》卷三一，《钞法》；《明史》卷八一，《食货志》，《钞法》。

②《大明会典》卷三一，《钞法》。

原来元初行钞，第一，有金银和丝为钞本准备金，各路无钞本的不发新钞；第二，印造有定额，计算全国商税收入的金银和烂钞兑换数量作为发行额数；第三，政府有收有放，丁赋和商税都收钞；第四，可以兑换金银，人民持钞可以向钞库换取金银。相反，元代钞法之所以崩溃，是因为把钞本动用光了；无限制滥发造成恶性膨胀，只发行不收回；不能兑换金银；烂钞不能换新钞。[①] 洪武钞法以元代后期钞法作依据，因之，虽然初行的几年，由于行用方便和习惯，还能保持和物价的一定比例，但是，由于回收受限制，发行量没有限制，发行过多，收回很少，不兑现纸币充斥于市场，币值便不能维持了。

宝钞发行的情况，以洪武十八年 (1385) 二月二十五日到十二月止为例，宝钞提举司钞匠五百八十名所造钞共九百九十四万六千五百九十九锭。[②] 明代以钞五贯为一锭，这一年的发行额约为五千万贯；合银五千万两。明初每年国库银的收入，不过几万两，一年的发行额竟相当于银的收入一千倍左右，加上以前历年所发，数量就更大了。更由于印制的简陋，容易作假，

---

①参看 1946 年 7 月《中国社会科学集刊》七卷二期吴晗《元史食货志钞法补》、1943 年 6 月《人文科学学报》二卷一期吴晗《记大明通行宝钞》二文。

②《大诰续诰》，钞库作弊第三二。

伪钞大量投入市场[①]，币值就越发低落了。二十三年（1390）两浙市民以钞一贯折钱二百五十文[②]，二十七年（1394）降到折钱一百六十文[③]。到三十年（1397）杭州诸郡商贾，不论货物贵贱，一以金银定价，索性不用宝钞了。[④]朱元璋很着急，三番五次地申明：钞一贯应折钱一千文、旧钞可以换新钞、禁用铜钱；禁用金银交易等等办法，还是不济事，钞值还是日益低落，不被人民所欢迎。到成化时（1465—1487）洪武钱民间全不通行，宝钞只是官府在用，一贯仅值银三厘，或钱二文，跌到原定法价的千分之二。[⑤]

大约百年以后由于对外贸易的发展，银子流入国内的一天天增多了。这样，在官府和市场就同时使用两种货币，官府支出用价值极低的纸币，收入却要银子，市场出入都用银子。银子终于逐渐代替了宝钞成为全国通行的通货。

---

①《大诰》伪钞第四八："宝钞通行天下，便民交易。其两浙江东西民有伪造者，句容县民杨馒头本人起意，县民合谋者数多，银匠密修锡板，文理分明，印纸马之户同谋刷印，捕获到官。自京至于句容，所枭之尸相望。"

②《明太祖实录》卷二〇五。

③《明太祖实录》卷二三四。

④《明太祖实录》卷二五一。

⑤陆容：《菽园杂记摘抄》卷五。

拓殖与互市

一、郑和为何没有第八次下西洋[①]

首先说明西洋是指什么地方。明朝时候把现在的南洋地区统称为东洋和西洋。西洋指的是现在的印度半岛、马来半岛、印度尼西亚、婆罗洲等地区；东洋指的是菲律宾、日本等地区。在元朝以前已经有了东、西洋之分，为什么有这样的分法呢？因为当时在海上航行要靠针路（指南针），针路分东洋指针和西洋指针，因此在地理名词上就有“东洋”和“西洋”。郑和下西洋指的是什么地方呢？主要是指现在的南洋群岛。

中国人到南洋去的历史很早，并不是从郑和开始的。远在公元以前，秦朝的政治力量已经达到现在的越南地区。到了汉武帝的时候，现在的南洋群岛许多地区已经同汉朝有很多往来。

①原题《郑和（三宝太监）下西洋》，选自吴晗：《明史简述》。

这种往来分两类：一类是官方的，即政府派遣的商船队；一类是民间的商人。可是像郑和这样由国家派遣的船队，一次出去几万人、几十条大船（这些船是当时世界上最大的船，也就是当时世界上最大的海军），不但到了现在南洋群岛的主要国家，而且一直到了非洲。其规模之大，人数之多，范围之广，那是历史上前所未有的，就是明朝以后也没有。这样大规模的航海，在当时世界历史上也没有过。郑和下西洋比哥伦布发现新大陆早 87 年，比迪亚士发现好望角早 83 年，比达·伽马发现新航路

《三宝太监西洋记通俗演义》郑和像

早 93 年，比麦哲伦到达菲律宾早 116 年。比世界上所有著名的航海家的航海活动都早。可以说郑和是历史上最早的、最伟大的、最有成绩的航海家。

问题是为什么在 15 世纪的前期中国能派出这样大规模的航海舰队，而不是别的时候？这个问题历史记载上有一种说法，说郑和下西洋仅仅是为了寻找建文帝的下落。这种说法是不正确的。上次我们讲到，明成祖从北京打到南京，夺取了他的侄子建文帝的帝位。建文帝是明太祖的孙子，他做了皇帝以后，听信了齐泰、黄子澄等人的意见，要把他的一些叔叔——明太祖封的亲王的力量消灭掉，以加强中央集权。他解除了一些亲王的军事权力，有的被关起来，有的被废为庶人。于是燕王便起兵反抗，打了几年，最后打到南京。历史记载说燕王军队打到南京后，“宫中火起，帝不知所终”。“帝不知所终”这句话是经过了认真研究的，因为当时宫里起了火，把宫里的人都烧死了，烧死的尸首分不清到底是谁。于是就发生了一个建文帝到底死了没有的疑案。假如没有死，他跑出去了的话，那么，他就有可能重新组织军队来推翻明成祖的统治。从当时全国的形势来看是存在这个问题的。因为建文帝是继承他祖父明太祖的，全国各个地方都服从他的指挥。明成祖虽然在军事上取得了胜利，但是并没有把建文帝的整个军事力量摧毁，他的军事力量只是在今天从北京到南京的铁路沿线上，其他地方还是建文帝原来的势力范围。因此明成祖就得考虑建文帝到底还在不在？如果是逃出去了，又逃到了什么地方？他得想办法把建文帝逮住。于是他派了礼部尚书（相当于现在的内务部长）胡濙，名义上是到全国各地去找神仙（当时传说有一个神仙叫张三丰），实际上是去寻找建文帝。前后找了二三十年。《明史·胡濙传》说胡濙每次找了回来都向明成祖报告。最后一次向皇帝报告时，成祖正在军中，胡濙讲的什么别人都听不到，只见他讲了以后明成祖很高兴。历史学家们认为，最后这一次报告，可能是说建文帝已经死了。另外，明成祖又怕建文帝不在国内，跑到国外去了。所以他在派郑和下西洋的时候，要郑和在国外也留心这件事。这是可能的，但这不是郑和下西洋的主要目的。郑和下西洋主要是由于经济上的原因。

这里插一个问题，讲讲明成祖和建文帝之间的斗争说明什么问题。明成祖以后的各代对建文帝的下落一事也非常重视。万历皇帝就曾经同他的老师谈起这个问题，问建文帝到底到哪里去了，为什么经过一百多年还搞不清楚。当时出现了很多有关建文帝的书，这些书讲建文帝是怎么逃出南京的，经过些什么地方，逃到了什么地方。有的书说他到了云南，当了和尚，跟他一起逃走的那些人也都当了和尚。诸如此类的传说越来越多。此外，记载建文帝事迹的书也越来越多。这说明什么问题呢？说明一个政治问题。建文帝在位期间，改变了他祖父明太祖的一些做法。他认为明太祖所定下来的一些制度，现在经过了几十年，应该改变。当时建文帝周围的一些人都是些儒生，缺乏实际斗争经验，他们自己出的一些办法也并不高明。尽管如此，建文帝的这种举动还是得到了不少人的支持。但是明成祖起兵反对他。在明成祖看来，明太祖所规定的一切制度都是尽善尽美的。他不容许建文帝改变祖先的东西。因此，明成祖和建文帝之间的斗争就是保持还是改变明太祖所定的旧制度的斗争。在这个斗争中建文帝失败了。明成祖做了皇帝以后，把建文帝改变了的一些东西又全部恢复过来。一直到明朝灭亡，二百多年都没有变动。

在这种情况下，有不少的知识分子对明成祖的政治感到不满，不满意他的统治。他们通过什么方式来表达这种不满呢？公开反对不行，于是通过对建文帝的怀念来表达。他们肯定建文帝，赞扬建文帝。实际上就是反对明成祖。因此，关于建文帝的传说就越来越多了。现在我们到四川、云南这些地方旅行，到处可以发现所谓建文帝的遗址。这里有一个庙说是建文帝住过的；那里有一个寺院，里头有几棵树，说是建文帝栽的。有没有这样的事情呢？没有。明末清初有个文人叫钱谦益（这个人政治上很糟糕）写了文章专门研究这个问题。当时许多书上都说：当南京被燕兵包围时，城门打不开，建文帝便剃了头发，跟着几个随从的人从下水道的水门跑出去了。钱谦益说这靠不住，南京下水道的水门根本不能通出城去。他当时做南京礼部尚书，宫殿里的情况是很熟悉的。此外，还有很多不合事实的传说，他都逐条驳斥了。最后他做了这样的解释：假如建文帝真的跑出去了，当时明成祖所统治的地区只是从北京到南京的交通线附近，只要建文帝一号召，全国各地都会响应他，他还可以继续进行斗争。但结果没有这样。这就可以得出一个结论：建文帝是死在宫里了。但当时不能肯定，万一他跑了怎么办？所以就派人去找。我认为这样解释比较说得通。

现在我们继续讲郑和下西洋的问题。如果说郑和下西洋的主要目的是为了找建文帝，那是不合事实的；但也不能说完全没有这方面的动机。因为当时的怀疑不能解决，通过他出去访问，让他注意这个问题是可能的。那么，郑和下西洋的主要目的到底是什么呢？这就是上次所说的，是国内经济发展的必然结果。经过1348年到1368年二十年的战争，经济上受到了很大的破坏。但是经过洪武时期采取的恢复生产、发展生产的措施以后，人口增加了，耕地面积扩大了，粮食、棉花、油料的产量都提高了，人民的生活有了改善，政府的财政税收比以前多了。随之而来，对国外物资的需要也增加了。这种对国外物资需要的增加主要在两个方面：一方面是人民日常生活所需要的物资，主要是香料、染料。香料主要是用在饮食方面作调料，就是把菜做得更好一些，或者使某种菜能收藏得更久。像胡椒就是人民所需要的东西。胡椒从哪里来呢？是从印度来的，一直到现在还是如此。还有其他许多香料也大多是从南洋各岛来的。在南洋有个香料岛，专门出产香料。另一种是染料，为什么对染料的需要这样迫切呢？明朝以前，我们的祖先常用的染料都是草木染料，譬如蓝色是草蓝；或者是矿物染料。这样的染料一方面价钱贵，另一方面又容易褪色。进口染料就可以解决这些问题。朝鲜族喜欢穿白衣服，我们国内有些人也喜欢穿白衣服，为什么？原因很简单，因为买不起染料。封建社会里，皇帝穿黄衣服，最高级的官穿红衣服，再下一级的官穿紫衣服，穿蓝衣服，最下等的穿绿衣服。为什么用衣服的颜色来区别呢？也很简单，染料贵。老百姓买不起染料，只好穿白衣服。所以古人说“白衣”“白丁”，指的是平民。这些封建礼节都是由物质基础决定的。因此就有向国外去寻找染料的要求。这一类，是人民的日常生活所需要的。另外一类是毫无意义的消费品，主要是珠宝。这是专门供贵族社会特别是宫廷里享受的。有一种宝石叫“猫儿眼”，还有一种叫“祖母绿”，过去谁也不知道是什么样子，只知道是宝石。最近我们在万历皇帝的定陵里发现了这两种东西。这些东西都是从外国买来的。除了珠宝以外，还有一些珍禽异兽。当时的人把一种兽叫做麒麟，实际上就是动物园里的长颈鹿。与对外物资需要增加的同时，由于国内经济的发展，一些可供出口的物资，如绸缎、瓷器（主要是江西瓷，其他地区也有一些）、铁器（主要生产工具）的产量也增加了。

除了经济上的条件以外，还有一个很重要的条件，就是当时中国对外的航海通商已有悠久的历史。从秦朝开始，经过唐朝、南宋到元朝，在这个漫长的时期内，政府的商船队、私人的商船队不断出去。有些私人商船队发了财。到了明朝，由于长期的积累，已经具备了丰富的航海知识和有经验的航海人员。有了这些条件，就出现了从明成祖永乐三年（1405）到他的孙子明宣宗宣德五年（1430）近三十年之间以郑和为首的七次下西洋的事迹。

郑和出去坐的船叫做“宝船”，政府专门设立了制造宝船的机构。这种船有多大呢？大船长四十丈，宽十八丈；中船长三十七丈，宽十五丈。当时在全世界再没有比这更大的船了。一条船可以载多少人呢？根据第一次派出的人数来计算，平均每条船可以坐四百五十人。每次出去多少人呢？有人数最多的

真实的下西洋海船形象：明《天妃经》卷首插图（摹）

军队，此外还有水手、翻译、会计、修船工人、医生等，平均每次出去二万七八千人。这样的规模是了不起的，后来的哥伦布、麦哲伦航海每次不过三四只船，百把人，是不能和这相比的。谁来带领这么多人的航海队呢？明朝政府选择了郑和。因为郑和很勇敢，很有能力。同时，当时南洋的许多国家都是信仰回教的，而郑和也是个回教徒，他的祖父和父亲都曾经朝拜过麦加。回教徒一生最大的愿望就是到麦加去磕一个头，凡是去过麦加的人就称为哈只。选派这样的回教徒到信仰回教的地方去就可以减少隔阂，好办事。在郑和带去的翻译里面也有一些人是回教徒，这些人后来写了一些书，把当时访问的一些国家的情况记载下来了。这些书有的流传到现在。有人问：郑和是云南人，他怎么成了明成祖部下的大官呢？这很简单，洪武十四年（1381）的时候，明太祖派兵打云南，把元朝在云南的残余势力打败了，取得了云南。在战争中俘虏了一些人，郑和就是在这次战争中被俘虏的。他当时还是一个小孩，后来让他作太监，分给了明成祖。他跟明成祖出去打仗时，表现很勇敢，取得了明成祖的信任。因此明成祖让他担负了到南洋各国去访问的任务。

他们第一次出去坐了六十二艘大船，带了很多军队。这里发生了这样的问题：他们既然是到外国去通商，去访问，为什么要带这么多军队？这是因为当时从中国去南洋群岛的航线上有海盗，这些海盗不但抢劫中国商船，而且别的国家到我们这里来做买卖的商船也抢。郑和用强大的军事力量把海盗消灭了，这样就保证了航路的畅通。另外，为了防止外国来侵犯他们，也需要带足够的军事力量。郑和到锡兰的时候，锡兰国王看到中国商船队的物资很多，他就抢劫这些物资。结果郑和把他打败了，并把他俘虏到北京。后来明朝政府又把他放回去，告诉他，只要你今后不再当强盗就行了。可见为了航行的安全，郑和带军队去是必要的。郑和率领的军事力量虽然很强大，用现在的话来说，他带去了好几个师的军队，而当时南洋没有一个地区有这样强大的军事力量。但是郑和的军队只是用于防卫的。他所进行的是和平通商。尽管当时有这样的力量，这样的可能，但是没有占领别人的一寸土地。后来，比郑和晚一百年的西方人到东方来就不同了。他们一手拿商品，一手拿宝剑，把所到的地方都变成他们的殖民地。如葡萄牙人到了南洋以后就占领了南洋的一些岛屿。当然，在我们的历史上个别的时候也有占领别人的土地的事情。但总的来说，我们国家不是好侵略的国家，我们国家没有占领别国的领土，这和西方资本主义国家有本质的不同。根据当时保留下来的记载，可以看出郑和和南洋各国所进行的贸易是平等的，而不是强加于人的。交易双方公平议价，有些书上记载得很具体，说双方把手伸到袖子里摸手指头议价。现在我们国内有些地方还用这种办法。郑和所到的地区都有中国的侨民，有开矿的，有做工的，有做买卖的，各方面的人都有。有的地方甚至是以华侨为中心，华侨在经济上占主导地位。因此郑和每到一个地方都受到欢迎。

郑和每到一个国家，除了把自己带去的大量商品卖给他们外，也从这些国家带一些商品到中国来。从第一次出去以后，他就选择了南洋群岛的一个岛屿作为根据地，贮积很多货物，以此地为中心，分派商船到各地贸易，等各分遣船队都回到此地后，再一同回国。在前后不到三十年的时期中，印度洋沿岸地区他都走到了，最远到达了红海口的亚丁和非洲的木骨都束。木骨都束就是今索马里的首都，现在叫做摩加迪沙。前年摩加迪沙的市长访问北京的时候，我们对他讲：我们的国家五六百年前就有人访问过你们。他听了很高兴。

通过郑和七次下西洋，中国和南洋的航路畅通了，对外贸易大大地发展了，出国的华侨也就更多了。通过这几十年的对外接触，中国跟南洋这些地区的关系越来越深，来往也越来越多。由于华侨的活动，以及中国的先进的生产工具传入这些国家，这样，南洋地区的生产也越来越进步。所以，郑和下西洋的历史事实说明，我们这个国家有这样一个很好的传统：就是不去侵略人家。正因为这样，直到现在，尽管时间过去了五六百年，但是郑和到过的国家，很多地方都有纪念他的历史遗址。因为郑和叫三宝太监，所以很多地方都用三宝来命名。像郑和下西洋这样的事以往历史上是没有的，明朝以后也没有，这是明朝历史上一件很突出的事情。

现在要问：郑和第七次下西洋以后，为什么不去第八次呢？这里有客观的原因，也有主观的原因。客观原因是八十多年以后，欧洲人到东方来进行殖民活动，阻碍了中国和南洋诸国的往来。主观的原因有这几方面：第一，政治上的原因。明成祖死了以后，他的儿子做皇帝。这个短命皇帝很快又死了，再往下传二代，这就是英宗。英宗做皇帝时还是个八九岁的小孩，不懂事。于是宫廷里便由他的祖母当权；政府则由三杨（杨士奇、杨荣、杨溥）掌握。三杨在朝廷里当了二三十年的机要秘书。三个老头加上一个老太太掌握国家大权。这些人和明成祖不一样。明成祖有远大的眼光。他们却认为他多事，你派这么多人出去干什么？家里又不是没吃的、没喝的。不过明成祖在世时他们不敢反对，明成祖一死，他们当了家，就不准派人出去了。第二，组织这样的商队需要一个能代替郑和的人，因为郑和这时已经六十多岁，不能再出去了。第三，经济上的原因。从外国进口的物资都是消费物资，不能进行再生产。无论是香料还是染料，都是消费品，珠宝就更不用说了，更是毫无意义的东西。以我们的有用的丝绸、铁器、瓷器来换取珠宝，这样做划不来。虽然能解决沿海一些人的生活问题，但是好处不大，国家开支太多。所以，为了节约国家的财政开支，后来就不派遣商队出国了。正当明朝停止派船出国的时候，欧洲人占领了南洋的香料岛，葡萄牙人占领了我们的澳门。他们是用欺骗手段占领澳门的。开头他们向明朝的地方官说：他们的商船经常到这个地方来，遇到风浪把货物打湿了，要租个地方晒晒货物。最初还给租钱，后来就不给了，慢慢地侵占了这个地方，一直到现在还占领着。

从欧洲人到东方来占领殖民地以后，中国的形势就改变了。经过清朝几百年，特别是鸦片战争以后，许多帝国主义国家从几个方面包围中国：印度被英国占领了；缅甸被英国占领了；越南被法国占领了；菲律宾先被西班牙占领，后又被美国占领了；东方的日本走上了资本主义道路，向外进行侵略扩张活动。所以近百年的中国，四面被资本主义国家和帝国主义国家所包围，再加上清朝政府的日益腐败，就使中国逐步变成了半殖民地半封建的国家，进入了半封建半殖民地的社会。

二、明之贡市政策与成化三年之役

明廷对东北的治理方法，在洪武时代取积极的招抚政策，以三万卫和铁岭卫为南北两大军事中心，于辽东置东宁卫及安乐、自在二州，安置来降的夷人。这政策的施行遭遇到两种困难，第一是所拟设的军事中心和后方距离太远，运输粮饷及补充军实均感困难；第二是降人的安置耗去国家过大的费用，不能持久。因此这两个预期深入女真所处地带的军事中心不能不渐次移近塞下，对于安置降人的特别区的兴趣也逐渐冷淡下去。到永乐时代，改取消极的招抚政策，利用东北的大族和女真的名酋作中心，用赏赐爵禄去招抚各地的土人，每一个来朝的酋长都给以敕书和印绶，因地而立卫所的名称，即以其酋长为指挥使、指挥佥事、镇抚等官，统率其部服属于明。凡卫所移徙及酋长承继必须得政府许可。他们对明廷的义务是"忠顺看边"，"约束部下安居乐业"。所得的权利是入贡和互市。这样，明廷不费巨大的军力和粮饷，每年耗费一些照例的赏赐，便得以保持东北一带的统治权，和维持辽东边塞的安全。同时，因卫所的个别设立，无形中分化了女真诸族的团结，使其个别独立，成为一盘散沙的局面，不能起来和明廷为难，这政策在当时收到了显著的功效，保持了几十年的安定局面。

入贡和互市的名义虽然不同，其实都是一种特许贸易。这两种不同名义的贸易，都须证明确属某卫酋长的派遣方许入关，证明的手续是呈验明廷所颁的敕书。因此，凡欲和明贸易的夷人，必须先在政治上服属于明，方能领得敕书，得到通商权利。女真诸族的文化比较落后，他们需要铁器、农具、丝织品、衣料诸工艺品，不能不以东北所产的人参、貂皮、药材、牲畜诸天然产品来和明人交易。在这种正常的通商关系之下，维持了两个民族间之和平。反之，在这种关系破裂，不能换取他们所需要的生活必需品的时候，便不惜用武力来侵袭边塞，掳掠熟谙耕种方法的农民和工人去为他们作生产劳动者。据《朝鲜李朝实录》的记载，此项被女真种人所掳的汉人，不堪虐待，秘密逃奔朝鲜，由朝鲜政府护送回国者为数极多，其大部分无法逃脱者便永远被留，成为女真种人的奴隶和生产技术的教师。被掳者中的知识分子便成为他们的文化教师和谋主，直接促进女真诸族的文化和经济生活的发展。同样地朝鲜边民也遭受了此种厄运，朝鲜政府并且因为转送逃亡汉人的缘故，引起女真诸族的忿恨，边境屡被攻击。

入贡和互市都有了严密的规定。入贡时每卫人数和贡路都由政府指定，《明会典》记：

建州卫、建州左卫、建州右卫、毛怜卫每卫岁许一百人，建州寄住毛怜达子岁十二人。其余海西各卫并站所地面，每处岁不过五人。其都督来朝许另带有进贡达子十五人同来。贡道由辽东开原城。近年定海西每贡一千人，建州五百人，岁以十月初验放入关，十二月终止，如次年正月以后到边者边臣奏请得旨，方准验放。

贡物则规定为马、貂鼠皮、猞猁狲皮、海东青、兔鹘、黄鹰、阿胶、殊角（即海象牙）。所得到的代价是称为“回赐”的彩缎绢布，按贡物的价值偿还相当的货物。其入贡人员自都督以下照各人的身份别有缎绢衣服的给赐。贡事完毕后许于特设的国际商场会同馆开市三日，和商民交易。

入贡之贸易对象为政府，互市则为定期之边地贸易，明廷开设市场之目的在求马匹，故通常称为马市。王世贞《弇州史料》记：

永乐三年立辽东、开原、广宁马市，定价上上马绢八匹、布十二匹，上马绢四匹、布六匹，中马绢三匹、布五匹，下马绢二匹、布四匹，驹绢一匹、布三匹。其互市一于开原城南以待海西女真，一于开原城东，一于广宁以待朵颜三卫，各去城四十里。

开原一市为女真诸部之指定市场，距海西较近，而建州诸部则须北上经广顺、镇北二关，始能入市。自三卫合住后，建州女真已逼处明塞下，天顺八年（1464）经建州左卫都督董山之请求，特开抚顺关，专为建州入贡及互市之入口，《明宪宗实录》天顺八年（1464）四月乙未条：

敕辽东镇守总兵等官，遇有建州等卫女真到边，须令从抚顺关口进入，仍于抚顺城往来交易，务在抚谕得宜，防闲周密，以绝奸究之谋，毋或生事阻当，致失夷情，及纵令窥瞰，致引边患。

从此不必再绕道从镇北关出入，直接西向入关，距辽沈密迩，独处关门要地，通辽人，输辽货，和汉人同化，奠定了建州本部发展的基础。

正统以前，明国力充裕，边备整饬，女真慑于明之威力，虽间有寇扰，不为大害。至正统末年宦官王振当国，贿赂公行，政事废弛，土木之变，英宗被掳，瓦剌也先入寇京师，别部脱脱不花犯辽东，建州诸酋李满住、董山等并从为乱，抄略边境，在连年混战中，许多大酋都死于兵乱，尽失所赐敕书，以此其子孙不得袭职，在入贡时不能享受卫所高级官吏的待遇，只能用舍人名义入关，“在道不得乘驿传，赐宴不得预上席。赏赐视昔又薄”。所进土产质地不好的立为边臣所退还，不能享受“给赐”的权利，由此对明廷发生反感，边警因之日增。同时，因兵乱的影响，不但丧失了许多部落的领袖和证明身份的文件，而且无形中使许多卫所自然消灭，许多卫所因之而流移迁徙，和原住地不生关系，给予少数的强酋以兼并强大的机会。

在另一方面，女真诸部贪于入贡之利，来朝人数渐多，明廷不胜供给之费，下令限定人数。《明宪宗实录》记：

天顺八年十月乙巳，会昌侯孙继宗、吏部尚书王翱等议奏：自古抚御外夷，来则嘉其慕义，固不厌其多而拒之，亦不病其少而招之。今野人女真僻在东荒，永乐间相率归附，时月有期，名数有限。近来络绎不绝，动以千计。彼所贪得者宴赏之优厚，而豺狼之心，亦何厌之有哉。若不限其来数，中国劳费实多，限之太狭，则失其向化之心，合酌量事体，建州、毛怜等卫，卫许百人，海西、兀者等卫，卫许三五（十）人，不得重复冒名，审验然后入关，从之。

女真诸部骤然失去一批进益，多不平。在边关互市时，又时为地方官吏克减抚赏盐物，更挑起他们的愤恨，由此时时阑入盗寇，在成化二年（1466）一年中建州、海西两部寇边至九十七次，杀掠至十余万人。这时辽东长吏也已深知边患的起因，奏请戒饬守臣，勿过为拣选贡物，《实录》又记：

成化二年十月甲寅，整饬边备左都御史李秉言：建州、毛怜、海西等诸部落野人女真来朝贡，边臣以礼部拟定名数，验其方物，貂皮纯黑，马肥大者始令入贡，否则拒之。且貂产于黑龙江迤北，非建州、毛怜所有。臣闻中国之待夷狄，来则嘉其慕义，而接之以礼，不计其物之厚薄也。若必责其厚薄，则虏性易离，而或以启衅，非圣朝怀远人厚往薄来之意。今年海西、建州等夷人，结构三卫，屡扰边疆，进贡使臣，一介不至，凡以此也。今边报日开，若不更定其制，恐边患日甚一日，所系非轻。礼部因请戒饬辽东守臣，自后夷人来朝入贡，验数放入，不得过为拣择，以起边衅，从之。

可是这时的海西、建州已经是“进贡使臣，一介不至”，起而“结构三卫，屡扰边疆”，明廷虽然命令边吏改善态度，也不能制止他们的侵掠了。

女真诸部从土木之变后，对明廷已失去过去之敬畏态度，桀骜恣肆，不大肯听约束。经景泰至天顺中，愈形活动。同时朝鲜英主世祖登极，极力笼络诸名酋，李满住、董山及其亲属纷纷入朝，受朝鲜官职，乞取盐粮及赏赐，朝鲜方面，也采取和明廷同样的政策，厚抚入朝诸酋，保持边境的安宁。事为明廷所知，遣使严词诘问，不许双方私交，彭孙贻《山中闻见录》九记：

天顺二年董山潜结朝鲜，授中枢院使。巡抚都御史程信令自在知州佟成阳廉他事，得朝鲜授山制书以闻，上遣给事中往朝鲜，锦衣译者往建州，各支吾，出制书，始慑服，贡马谢。

自后明廷虽屡次敕禁朝鲜私通中国属夷，但朝鲜仍在明人监视下秘密和建州诸部交通，建州三卫则取两属的形式，向双方维持有利的关系，向时又乘机入寇，攻明则暱鲜，攻鲜则又暱明，贡使和武装的游击队往往同时出发，两国边境连年被扰，结果有成化三年之役。

明廷深知董山为寇边之祸首，特派都督佥事武忠往建州招谕，董山虽悔罪入朝，但仍桀骜无礼，其部落仍寇边不绝。明廷因决定大举入剿，成化三年（1467）五月命左都御史李秉提督军务，武靖伯赵辅佩靖虏将军印，充总兵官，往辽东调兵征建州女真。七月礼部主事高冈请拘留董山于辽东，时董山已还至广宁，复崛强不听敕谕，因被拘系。同时，又遣使朝鲜令从后路夹攻。

朝鲜方面亦正苦于建州之攻掠，在明兵未出前，已定分五路捣巢剿灭之计。但恐为明廷责其擅杀属夷，因迟迟未发，八月得李秉、赵辅移咨云：

建州三卫世蒙国恩，授与官职以荣其身，拨与土地以安其居。迩者悖逆天道，累犯辽东边境，致廑圣虑。特命当爵等统领大势官军，将以捣其巢穴，绝其种类，以谢天神之怒，以雪生灵之忿。但缘建州后路与朝鲜国地方相连，虑有残贼败走，遁入彼国边方逃命投生。为照朝鲜国乃礼义之邦，自祖敬顺朝廷，好善恶恶，彼此同心。纵有前贼奔入边境，必能拒而擒捕。已经议奏请敕朝鲜国王随机设备，截其后路……倘遇建州穷寇奔遁到彼，就便截杀。[①]

---

①《李朝世祖实录》卷四三。

因即乘机出兵，命大将康纯、南怡、鱼有沼等分二道，以九月二十六日由满浦入攻婆猪江，斩李满住及其子古纳哈等，候明兵不至，焚掠而还。明军五万人分三道以九月二十四日出兵，沿途遇强烈抵抗，至十月初四五日始抵建州三卫之根据地，屠古城（即灶突山），收所掳男妇一千二百余人。以冰雪班师。于是诛董山于广宁，建州名酋一时并灭。

建州经此打击后，虽势力骤衰，但其实力则并未全被歼灭，余众声言为董山复仇，仍入寇不已。明廷仍不能不致力于防边，筑抚顺、叆阳、清河诸堡，设兵戍守。朝鲜则特设仇宁万户，备建州入侵。时董山子脱罗（土老）继起领诸部，明廷因使袭职为都指挥同知，李满住孙完者秃、凡察后人卜哈秃亦并袭职，仍时时寇边。成化末年太监汪直用事，边吏邀功，几度出塞剿杀，俱无成功，会建州方面亦渐趋衰微，不能为大患，脱罗以下之世系至不见于记录。嘉靖初海西诸部骤强，替代了建州的地位，和明廷接触。

军事：
皇权的轮子

军制：从精锐到倾颓[1]

一、军与兵

明初创卫所制度，划出一部分人为军，分配在各卫所，专负保卫边疆和镇压地方的责任。军和民完全分开。中叶以后，卫军废弛，又募民为兵，军和兵成为平行的两种制度。

军是一种特殊的制度，自有军籍。在明代户口中，军籍和民籍、匠籍平行，军籍属于都督府；民籍属于户部，匠籍属于工部。军不受普通行政官吏的管辖，在身份、法律和经济上的地位都和民不同。军和民是截然地分开的。兵恰好相反，任何人都可应募，在户籍上也无特殊的区别。军是世袭的，家族的，固定的，一经为军，他的一家系便永远世代充军，住在被指定

①原题：《明代的军兵》 原载《中国社会经济史集刊》第五卷第二期。

的卫所。直系壮丁死亡或老病，便须由次丁或余丁替补。如在卫所的一家系已全部死亡，还须到原籍勾族人顶充。兵则只是本身自愿充当，和家族及子孙无关，也无固定的驻地，投充和退伍都无法律的强制。军是国家经制的，永久的组织，有一定的额数，一定的戍地。兵则是临时招募的，非经制的，无一定的额数，也不永远屯驻在同一地点。

在明代初期，军费基本上是自给自足的，军饷的大部分由军的屯田收入支给。在国家财政的收支上，军费的补助数量不大。虽然全国的额设卫军总数达到二百七十余万的庞大数字[①]，国家财政收支还能保持平衡。遇有边方屯田的收入不敷支给时，由政府制定“开中”的办法，让商人到边塞去开垦，用垦出的谷物来换政府所专利的盐引，取得买盐和卖盐的权利。商人和边军双方都得到好处。

兵是因特殊情势，临时招募的。招募时的费用和入伍后的月饷都是额外的支出。这种种费用原来没有列在国家预算上，只好临时设法，或加赋，或加税，或捐纳，大部由农民负担。因之兵的额数愈多，农民的负担便愈重。兵费重到超

①《明史》卷九一《兵志》，弘治十四年兵部侍郎李孟旸《请实军伍疏》：“天下卫所官军原额二百七十余万。”

过农民的负担能力时，政府的勒索和官吏的剥削引起农民的武装反抗。政府要镇压农民，又只好增兵，这一笔费用还是出在农民身上。

卫所军经过长期的废弛而日趋崩溃，军屯和商屯的制度也日渐破坏，渐渐地不能自给，需要由国家财政开支。愈到后来，各方面的情形愈加变坏，需要国家的财政供给也愈多。这费用也同样地需由农民负担。同时又因为军力的损耗，国防脆弱，更容易引起外来的侵略。卫军不能作战，需要募兵的数量愈多。这两层新负担，年复一年的递加，国家全部的收入不够军兵费的一半，只好竭泽而渔，任意地无止境地增加农民的负担，终于引起历史上空前的农民暴动。政府正在用全力去镇压，新兴的建州却又乘机而入，在内外交逼的情势下，颠覆了明室的统治权。

除中央的军和兵以外，在地方的有民兵，民壮（弓兵、机兵、快手），义勇种种地方警备兵。在边地的有土兵（土军）、达军（蒙古降卒）。在内地的有苗兵、狼兵（广西土司兵）、土兵等土司兵。将帅私人又有家丁、家兵、亲兵。各地职业团体又有由矿工所组织的矿兵，盐丁所组织的盐兵，僧徒所组织的少林兵、伏牛兵、五台兵。也有以特别技艺成兵的，如河南之毛葫芦兵、习短兵，长于走山；山东有长竿手，徐州有箭手，井陉有蚂螂手，善运石，远可及百步。福建闽漳泉之镖牌兵等等。[1]

从养军三百万基本上自给的卫兵制，到军兵费完全由农民负担，国库支出；从有定额的卫军，到无定额的募兵；从世袭的卫军，到雇用的募兵，这是明代历史上一件大事。

次之，军因历史的、地理的、经济的关系，集中地隶属于国家。在战时，才由政府派出统帅总兵，调各卫军出征。一到战事终了，统帅立刻被召回，所属军也各归原卫。军权不属于私人，将帅也无直属的部队。兵则由将帅私人所招募、训练，和国家的关系是间接的。兵费不在政府的岁出预算中，往往须由长官向政府力争，始能得到。同时兵是一种职业，在中央权重的时候，将帅虽有私兵，如嘉靖时戚继光之戚家军，俞大猷之俞家军，都还不能不听命于中央。到明朝末年，民穷财尽，内外交逼，在非常危逼的局面下，需要增加庞大的兵力，将帅到处募兵，兵饷都由将帅自行筹措，发生分地分饷的弊端，兵皆私兵，将皆藩镇，兵就成为扩充将帅个人权力和地位的工具了。

---

①《明史》卷九一《兵志》，弘治十四年兵部侍郎李孟旸《请实军伍疏》。

二、卫所制度

明太祖即皇帝位后，刘基奏立军卫法。（《明史》卷一二八《刘基传》）《明史》卷八九《兵志序》说：

> 明以武功定天下，革元旧制，自京师达于郡县，皆立卫所。外统之都司，内统于五军都督府。而上十二卫为天子亲军者不与焉。征伐则命将充总兵官，调卫所军领之。既旋则将上所佩印，官军各回卫所，盖得唐府兵遗意。

这制度的特点是平时把军力分驻在各地方，战时才命将出师，将不专军，军不私将，军力全属于国家。卫所的组织，《兵志》二《卫所门》记：

> 天下既定，度要害地系一郡者设所，连郡者设卫。大率五千六百人为卫，千一百二十人为千户所，百十有二人为百户所。所设总旗二，小旗十，大小联比以成军。

卫有指挥使，所有千户百户。总旗辖五十人，小旗辖十人。各卫又分统于都指挥使司（简称都司），司有都指挥使，为地方最高军政长官，和治民事的布政使司，治刑事的按察使司，并称三司，洪武二十六年（1393）时定天下都司卫所，共计都司十七（北平、陕西、山西、浙江、江西、山东、四川、福建、湖广、广东、广西、辽东、河南、贵州、云南、北平三护卫、山西三护卫）。行都司三（北平、江西、福建）。留守司一（中都）。内外卫三百二十九，守御千户所六十五。成祖以后，多所增改，都司增为二十一（浙江、辽东、山东、陕西、四川、广西、云南、贵州、河南、湖广、福建、江西、广东、大宁、万全、山西、四川行都司、陕西行都司、湖广行都司、福建行都司、山西行都司）。留守司二（中都、兴都）。内外卫增至四百九十三，守御屯田群牧千户所三百五十九。[①]

全国卫军都属于中央的大都督府。大都督府掌军籍，是全国的最高军事机关。洪武十三年（1380）分大都督府为中、左、右、前、后五军都督府。洪武二十六年（1393）定分领在京各卫所及在外各都司卫所。其组织如下：

①按《明史·职官志》五："计天下内外卫，凡五百四十有七，所凡二千五百九十有三。"

- 五军都督府
  - 左军都督府
    - 在京卫所
    - 浙江都司
    - 辽东都司
    - 山东都司
  - 右军都督府
    - 在京卫所
    - 云南都司
    - 贵州都司
    - 四川都司
    - 陕西都司
    - 广西都司
  - 中军都督府
    - 在京卫所
    - 中都留守司
    - 河南都司
    - 在外直隶扬州卫等卫所
  - 前军都督府
    - 在京卫所
    - 湖广都司
    - 福建都司
    - 福建行都司
    - 江西都司
    - 广东都司
    - 在外直隶九江卫
  - 后军都督府
    - 在京卫所
    - 北平都司
    - 北平行都司
    - 山西都司
    - 山西行都司
    - 北平三护卫
    - 山西三护卫

每府设左右都督各一，掌治府事。成祖以后，又改组如下：

- 五军都督府
  - 左军都督府
    - 在京卫所
    - 浙江都司
    - 辽东都司
    - 山东都司
  - 右军都督府
    - 在京卫所
    - 陕西都司
    - 陕西行都司
    - 四川都司及土官（天全六番招讨司、陇本头长官司等土司）
    - 四川行都司及土官（昌州长官司等土司）
    - 广西都司
    - 云南都司及土官（茶山长官司等土司）
    - 贵州都司及土官（新添长官司等土司）
    - 在外直隶宣州卫
  - 中军都督府
    - 在京卫所
    - 中都留守司
    - 河南都司
    - 在外直隶扬州卫等卫所
  - 前军都督府
    - 在京卫所
    - 湖广都司及土官（永顺军民宣慰司等土司）
    - 湖广行都司
    - 兴都留守司
    - 福建都司
    - 福建行都司
    - 江西都司
    - 广东都司
    - 在外直隶九江卫
  - 后军都督府
    - 在京卫所
    - 大宁都司
    - 万全都司
    - 山西都司
    - 山西行都司
    - 在外直隶蓟州卫等卫所

各地都司分隶于各都督府，其组织如下：

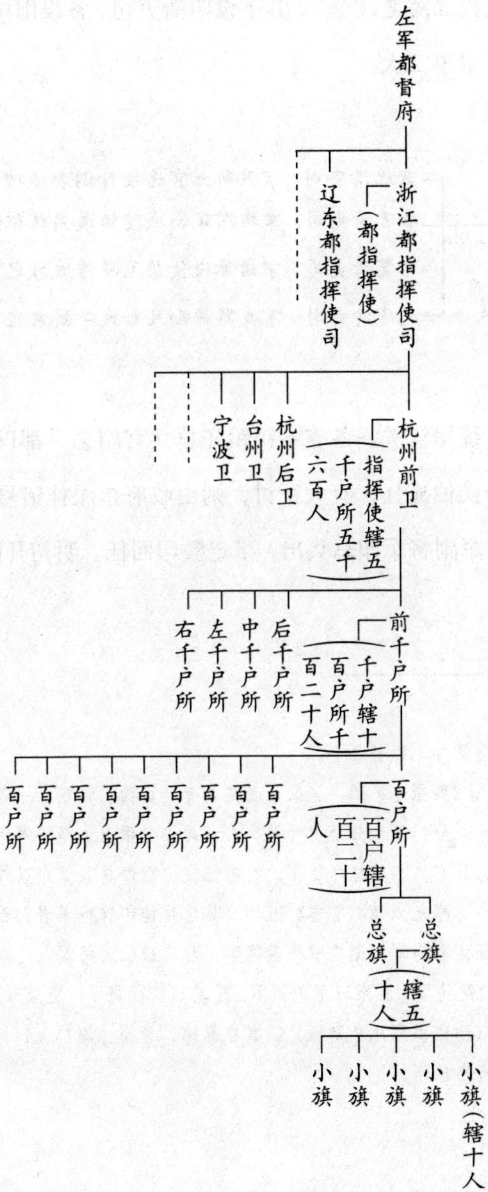

和都督府相配合的机关是兵部，长官为兵部尚书，“掌天下武卫官军选授简练之政令”，其下设四清吏司，各设郎中一人，员外郎一人，主事二人：

兵部	武选清吏司	掌卫所土官选授升调袭退功赏之事
尚书一人	职言清吏司	掌舆图军制城隍镇戍简练征讨之事
左右侍郎各一人	车驾清吏司	掌卤簿仪仗禁卫驿传厩牧之事
	武库清吏司	掌戎器符勘尺籍武学薪隶之事

都督府是统军机关，各省各镇镇守总兵官副总兵都以三等[①]真署都督及公侯伯充任。有大征讨，则由政府指派挂诸号将军[②]或大将军前将军副将军印总兵出，事定缴印回任。明初开国时，

---

①左右都督，都督同知，都督佥事。

②《明史》卷六八《舆服志》四：“武臣受重寄者，征西、镇朔、平蛮诸将军银印虎纽，方三寸三分，厚九分，柳叶篆文。洪武中尝用上公佩将军印，后以公侯伯及都督充总兵官，名曰挂印将军。有事征伐，则命总兵佩印以往，旋师则上所佩印于朝。”卷七六《职官志》五：“其总兵挂印称将军者，云南曰征南将军，大同曰征西前将军，湖广曰平蛮将军，两广曰征蛮将军，辽东曰征虏前将军，宣府曰镇朔将军，甘肃曰平羌将军，宁夏曰征西将军，交阯曰副将军，延绥曰镇西将军（诸印洪熙元年制颁）。其在蓟镇、贵州、湖广、四川及傧运淮安者，不得称将军挂印。”

武臣最重[①]，英国公张辅兄信，至以侍郎换授指挥同知。武臣出兵，多用文臣参赞，如永乐六年（1408）黔国公沐晟讨交阯简定，以尚书刘俊参军事。宣德元年（1426）成山侯王通讨交阯黎利，以尚书陈洽参赞军务。正统以后，文臣的地位渐高，出征时由文臣任总督或提督军务，经画一切，武臣只负领军作战的任务。如正统六年（1441）麓川之役，定西伯蒋贵充总兵官，以兵部尚书王骥总督军务，正统十四年（1449）讨福建邓茂七，宁阳侯陈懋为总兵官，以刑部尚书金濂提督军务。成化元年（1465）讨大藤峡猺，都督同知赵辅为征夷将军，以左佥都御史韩雍赞理军务。同年出兵镇压荆、襄农民暴动，抚宁伯朱永充靖虏将军，以工部尚书白圭提督军务。三年（1467）讨建州，武靖伯赵辅充总兵官，以左都御史李秉提督军务。从此文臣统帅，武臣领兵，便成定制。在政府的用意是以文臣制武臣，防其跋扈。结果是武臣的地位愈来愈低。正德以后幸臣戚里多用恩幸得武职，愈为世所轻。在内有部、科，在外有监军、总督、巡抚，重重弹压，五军都督府职权日轻，将弁大帅如走卒，总兵官到兵部领敕，必须长跪，“间为长揖，即谓非体”。

---

①《明史》卷一四五《张玉传》：“帝尝谓英国公辅有兄弟可加恩者乎？辅顿首言輗軏蒙上恩，借近侍，然皆奢侈。独从兄侍郎信贤可使也。帝召见信曰：是英国公兄耶？趣武冠冠之，改锦衣卫指挥同知世袭。时去开国未远，武阶重故也。”

到了末年，卫所军士，虽一诸生，都可任意役使了。

各省都指挥使是地方的最高军政长官，统辖省内各卫所军丁，威权最重。在对外或对内的战事中，政府照例派都督府官或公侯伯出为总兵官，事后还任。明初外患最频的是北边的蒙古，派出边地防御的总兵官渐渐地变成固定，冠以镇守的名义，接着在内地军事要害地区也派总兵官镇守，独任一方的军务。又于其下设分守，镇守一路；设守备，镇守一城或一堡。至和主将同城的则称为协守。总兵之下有副总兵、参将、游击将军、守备、把总等名号。总兵是由中央派出的，官爵较高，职权较专，都指挥使是地方长官，渐渐地就成为总兵官的下属了。后来居上，于是临时派遣的总兵官驻守在固定的地点，就代替了都指挥使原来的地位了。

总兵官变成镇守地方的军事统帅以后，在有战事时，政府又派中央大员到地方巡抚，事毕复命，后来巡抚也成固定的官名，驻在各地方。因为这官的职务是在抚安军民，弹压地方，所以以都御史或副佥都御史派充。因为涉及军务，所以又加提督军务或赞理军务，参赞军务名义。巡抚兼治一方的民事和军务，不但原来的都、布、按三司成为巡抚的下属，即总兵官也须听其指挥。景泰以后因军事关系，在涉及数镇或数省的用兵地区，添设总督军务或总制、总理，派重臣大员出任。有的兵事终了后即废不设，有的却就成为长设的官。因为辖地涉及较广，地位和职权也就在巡抚之上。末年“流寇”和建州内外夹攻，情势危急，政府又特派枢臣（兵部尚书）外出经略，后来又派阁臣（大学士）出来督师，权力又在总督之上。这样层层叠叠地加上统辖的上官，原来的都指挥使和总兵官自然而然地每况愈下，权力日小，地位日低了。综合上述的情形，从下表中我们可以看出明代地方军政长官地位的衍变。

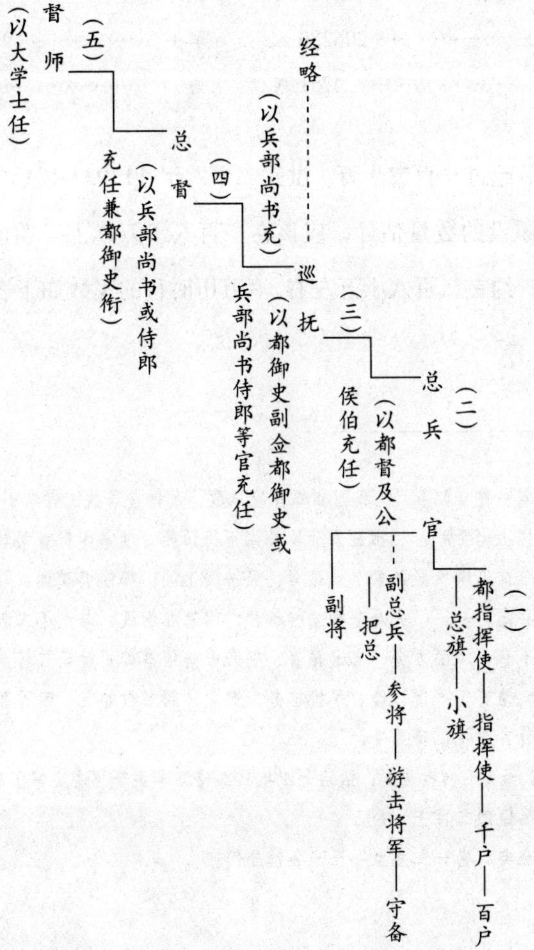

卫所军丁的总数，在政府是军事秘密，绝对不许人知道。[①] 甚至掌治军政的兵部尚书，和专司纠察的给事御史也不许预闻。[②] 我们现在就《明太祖实录》卷二二三记载看，洪武二十五年（1392）的军数如下表。

在京武官	2747 员	在外武官	13742 员
军士	206280 人	军士	992154 人
马	4751 匹	马	40329 匹

总数超过一百二十万。洪武二十六年（1393）以后的军数，按卫所添设的数量估计，应该在一百八十万以上。明成祖以后的军数，约在二百八十万左右。[③]万历时代的军数如下表：[④]

①敖英《东谷赘言》下："我国初都督府军数，太仆寺马数，有禁不许人知。"

②陈衎《槎上老舌》："祖制五府军外人不得预闻，惟掌印都督司其籍。前兵部尚书邝埜向恭顺侯吴某索名册稽考，吴按例上闻，邝惶惧疏谢。"《明史》卷六九《兵志》一："先是京师立神机营，南京亦增设，与大小二教场同练军士，常操不息，风雨方免，有逃籍者。宪宗命南给事御史时至二场点阅。成国公朱仪及太监安宁不便，诡言军机密务，御史诘问名数非宜。帝为罪御史，仍令守备参赞官阅视，著为令。"

③《明史》卷九一《兵志》，弘治十四年兵部侍郎李孟旸《请实军伍疏》："天下卫所官军原额二百七十余万。"

④《大明会典》卷一二九至一三〇各镇分例。

各镇军马额数表

各镇	军数		马数	
	原额*	现额*	原额*	现额*
蓟镇：蓟州	39339	31658	10700	6399
密云	9065	33569	2032	13120▲
永平	22307	39940	6083	15080▲
昌平	14295	19039	3015	5625▲
辽东	94693	83340	77001	41830▲
保定	29308	34697	1199	4791▲
宣府	151452	79258	55274	33147▲
大同	135778	85311	51654▲	35870▲
山西	25287	55295	6551▲	24764▲
延绥	80196	53254	45940	32133▲
宁夏	71693	27934	22182	14657▲
固原	126919	90412	32250▲	33842▲
甘肃	91571	46901	29318	21660▲
四川	14822	10897		
云南	63923	62593		
贵州		28355		
广西	121289	13097		
		25854		
湖广		68829		
广东		29947		
		35268		
南直隶	102167			
		7149		
浙江	130188	78062		

续表

各镇	军数		马数	
	原额*	现额*	原额*	现额*
江西	39893	20848		
南赣		9148		
		8171		
		829		
		1928		
福建	125381	38475		
山东	43631			
	2217			
河南	3177			
	20020			
总共	1586611	1120058	343199	282918

* 原额：永乐以后　现额：万历初年

▲包括马驼牛骡在内

明初卫所军士的来源，大概可分四类，《明史》卷九〇《兵志》二记：

其取兵有从征，有归附，有谪发。从征者诸将所部兵，既定其地，因以留戍。归附则胜国及僭伪诸降卒。谪发以罪迁隶为兵者。其军皆世籍。

从征和归附两项军士都是建国前后的旧军。谪发一项则纯以罪人充军。名为恩军[1]，亦称长生军。[2]如永乐初屠杀建文诸臣，一人得罪，蔓连九族外亲姻连都充军役。[3]成化四年（1468）项忠平荆、襄农民暴动，俘获三万余人，户选一丁戍湖广边卫（《明史》卷一八七《项忠传》）。都是著例。

除以上三项外，第四类是垛集军，是卫军最大的来源。《明史》卷九二《兵志》四说：

明初垛集令行，民出一丁为军，卫所无缺伍，且有羡丁。……成祖即位，遣给事等官分阅天下军，重定垛集军更代法。初三丁已上垛正军一，别有贴户，正军死，贴户丁补。至是令正军贴户更代，贴户单丁者免，当军家蠲其一丁徭。

平民一被佥发充军，便世世子孙都入军籍，不许变易。民籍和军籍的区分极为严格。[4]民户有一丁被垛为军，政府优免他

---

①《明太祖实录》卷二三二："洪武二十七年四月癸酉，诏兵部凡以罪谪充军者，名为恩军。"

②陆容《菽园杂记》八："本朝军伍皆谪发罪人充之，使子孙世世执役，谓之长生军。"

③黄佐《双槐岁钞》四："齐（泰）黄（子澄）奸恶九族外亲姻连亦皆编伍，有遍一县连蔓尽而及他邦者，人最苦之。"

④《明太祖实录》卷一三一："洪武十三年五月乙未，诏曰：军民已有定籍。敢有以民为军，乱籍以扰吾民者禁止之。"

的原籍老家的一丁差徭，以为弥补。军士赴戍所时，宗族为其治装，名为封桩钱。[①]在卫军士除本身为正军外，其子弟称为余丁或军余，将校的子弟则称为舍人。宣德四年（1429）定例免在营余丁一丁差役，令其供给军士盘缠（《大明会典》卷一五五）。边军似乎较受优待，如辽东旧制，每一军佐以三余丁。[②]内地的余丁亦称帮丁，专供操守卒往来费用。[③]日常生活则概由政府就屯粮支给，按月发米，称为月粮。其多少以地位高下分等差。洪武时令在京在外各卫马军月支米二石，步军总旗一石五斗，小旗一石二斗，军一石。守城者如数给，屯田者半之。[④]恩军家四口以上一石，三口以下六斗，无家口者四斗。月盐有家口者二斤，无者一斤（《明史》卷八二《食货志》六《俸饷》）。衣服则岁给冬衣棉布棉花夏衣夏布，在出征时则例给胖袄鞋裤（同上书卷一七七《王复传》）。

---

①宋濂《宋学士文集》补遗三《棣州高氏先茔石表辞》："北兵戍南土者宗族给其衣费，谓之封桩钱。"这名称到明代也仍沿用。

②《明史》卷二三《潘埙传》："故事每海军一，佐以余丁三。"

③《明史》卷二〇五《李秉传》："嘉靖三十九年江北河池营卒以千户吴钦革其帮丁，驱而缚之竿。帮丁者操守卒给一丁资往来费也。"

④《明史》卷一七七《李秉传》："景泰二年言：军以有妻者为有家，月饷一石。无妻者减其四。即有父母兄弟而无妻，概以无家论，非义，当一体增给。从之。"同书卷二〇五《李遂传》："旧制南军有妻者月粮米一石，无者减其四。春秋二仲月米石折银五钱。"

三、京军

明初定都南京，集全国卫军精锐于京师。有事以京军为主力，抽调各地卫军为辅。又因蒙古人时图恢复，侵犯北边，命将于沿边安置重兵防守，分封诸子出王边境，大开屯田，且耕且守。靖难役后，明成祖迁都北京，以首都置于国防前线，成为全国的军事中心。定制立三大营，一曰五军，一曰三千，一曰神机，合称为京军。

五军营的组织，太祖时设大都督府，节制中外诸军，京城内外置大小二场，分教四十八卫卒。洪武四年（1371）士卒之数二十万七千八百有奇。洪武十三年（1380）分大都督府为前、

明朝神机营

后、中、左、右五军都督府。成祖北迁后，增为七十二卫。永乐八年（1410）亲征本雅失里，分步骑军为中军，左、右掖，左、右哨，称为五军。除在京卫所外，每年又分调中都、山东、河南、大宁各都司兵十六万人，轮番到京师操练，称为班军。

三千营以边外降丁三千人组成。

神机营专用火器，永乐时平交趾得到火器，立营肄习。后来又得到都督谭广进马五千，置营名“五千”，掌操演火器。

三大营在平时，五军肄营阵，三千肄巡哨，神机肄火器。在皇帝亲征时，大营居中，五军分驻，步内骑外，骑外为神机，神机外为长围，周二十里，樵采其中。

皇帝侍卫亲军有锦衣卫和十二卫亲军。御马监又有武骧，腾骧，左、右卫，称四卫军。

明初京军总数在八十万以上。[①]永乐时征安南，用兵至八十万（《明史》卷一五四《张辅传》）。正统中征麓川，用兵亦十五万（同上书卷一七一《王骥传》）。永乐宣德二朝六次对蒙古用兵，都以京军为主力。到正统十四年（1449）土木

---

①《明史》卷一八五《吴世忠传》：“弘治十一年言：国初设七十二卫，军士不下百万。”同书卷八九《兵志》一：“嘉靖二十九年吏部侍郎王邦瑞摄兵部，因言：‘国初京营劲旅不减七、八十万。’”

之变，丧没几尽。《明史》卷一七〇《于谦传》说：

时京师劲甲精骑皆陷没。所余疲卒不及十万。人心恐慌，上下无固志。

于谦像

事后一面补充，一面着手改革。当时主持兵政的兵部尚书于谦以为三大营的缺点，是在分作三个独立组织，各为教令。临时调发，军士和将弁都不相习。乘机改革，在诸营中选出精兵十万，分作十营集中团练，名为团营。其余军归本营，称为老家。京军之制为之一变。到成化时又选出十四万军分十二营团练，称为选锋，余军仍称老家，专任役作。团营之法又稍变。到正德时因“流寇”之乱，调边军入卫，设东西官厅练兵，于是边军成为选锋，十二团营又成为老家了。嘉靖时经过几次严重的外患，几次改革，又恢复三大营旧制，改三千为神枢营，募兵四万充伍。形式上虽然似乎还原，可是以募兵代世军，实质上却已大不相同了。

京军内一部分由外卫番上京师者称为班军。在名义上是集中训练，巩卫京师。实际上却被政府和权贵役作苦工，《明史》卷九〇《兵志》二说：

成化间海内燕安，外卫卒在京只供营缮诸役，势家私占复半之，卒多畏苦，往往愆期。

修建宫殿陵墓，浚理城池，一切大工程都以班军充役，使供役军士，财力交殚，每遇班操，宁死不赴。[①] 甚至调发出征的也被扣留役使，《明史》卷一九九《郑晓传》记：

俺答围大同右卫急。……晓言：今兵事方棘，而所简听征京军三万五千人，乃令执役赴工，何以备战守，乞归之营伍。

结果使各地卫军以番上为畏途。有的私下纳银于所属将弁，求免入京。有事则召募充数，名为“折乾”。嘉靖二十九年（1550）职方主事沈朝焕在点发班军月饷时，发现有大部分是雇乞丐代替的。后来索性专以班军作工，也不营操了。班军不做工和不在工作期间的便改行作商贩工艺，按时给他们所属的班将一点钱。到末年边事日急，又把班军调到边方，作筑垣负米的劳役。从班军一变而为班工，从应役番上到折乾雇募，虽然名义上还

① 《明史》卷八一《李东阳传》，同书卷一九三《费宏传》：“太仓无三年之积，而冗食日增，京营无十万之兵，而赴工不已。”卷一九四《梁材传》：“嘉靖六年时修建两宫七陵，役京军七万，大役频兴，役外卫班军四万六千人，郭勋籍其不至者，责输银雇役，廪食视班军。”

仍旧贯，可是实质上却已经变质了。

在京卫军的情形，也和班军一样地困于役作。成化时以太监汪直总督团营，此后京军便专掌于内臣。其他管军将弁也照例由勋戚充任。在这一群贪婪的太监和纨绔的将弁统率之下，发生了种种弊端：第一是占役，军士名虽在籍，实际上却被权贵大官所隐占，替私人做工服役，却向政府领饷。第二是虚冒，军籍本来无名，却被权贵大官硬把家人苍头假冒选锋壮丁名色，月支厚饷。有人领饷，却无人应役（《明史》卷二六五《李邦华传》）。第三是军吏的舞弊，军士在交替时，军吏需索重贿，贫军不能应付，虽然老羸，也只好勉强干下去。精壮子弟反而不得收练。以此军多老弱。第四是富军的贿免，有钱的怕营操征调，往往贿托将弁，把他搁在老家数中。贫军虽极疲老，也只能勉强挨命。积此四弊，再加上在营军士的终年劳作，没有受训练的机会，名虽军士，实则工徒。结果自然营伍日亏，军力衰耗，走上崩溃的途径（同上书卷八九《兵志》一）。成化末年京军缺伍至七万五千有奇。到武宗即位时，十二团营锐卒仅六万五百余人，稍弱者二万五千。武宗末年给事中王良佐奉敕选军，按军籍应当有三十八万余人，较明初时已经只剩十分之五，实存者不及十四万，较原额缺伍至六分之五，较现额也缺伍到五分之三强。可是中选者又只二万余人。世宗立，额兵止有十万七千余人，实存者仅半。嘉靖二十九年（1550）俺答围都城，兵部尚书丁汝夔核营伍不及五六万人，驱出都门，皆流涕不敢前。吏部侍郎王邦瑞摄兵部，疏言：

国初京营劲旅，不减七、八十万，元戎宿将，常不乏人。自三大营变为十二团营，又变为两官厅，虽浸不如初，然额军尚三十八万有奇。今武备积弛，见籍止十四万余，而操练者不过五、六万。支粮则有，调遣则无。比敌骑深入，战守俱称无军。即见在军率老弱疲惫市井游贩之徒，衣甲器械，取给临时。此其弊不在逃亡而在占役，不在军士而在将领。盖提督坐营号头把总诸官，多世胄纨绔，平时占役营军，以空名支饷，临操则肆集市人，呼舞博笑而已。（《明史》卷八九《兵志》一）

到崇祯末年简直无军可用。《明史》卷二六六《王章传》记：

十七年王章巡视京营，按籍额军十一万有奇。喜曰："兵至十万，犹可为也。"及阅视，半死者，余冒伍，惫甚，闻炮声掩耳，马未驰而堕，而司农缺饷，半岁未发。

即勉强调发出征，也是雇充游民，名为京军，实则召募。如崇祯十四年（1641）兵部侍郎吴甡所言：

京营承平日久，发兵剿贼，辄沿途雇充。将领利月饷，游民利剽敚，归营则本军复充伍。（同上书卷二五二《吴姓传》）

积弊之极，京军仅存空名。可是，相反地，军官却与日俱增，越后越多。洪武二十五年（1392）京军军官的总数是二千七百四十七员，六十几年后，到景泰七年（1456）突增三万余员，较原额加了十一倍。[①]再过十几年，到成化五年（1469）又增加到八万余员，较原额增加了三十倍（同上书卷二十《刘体乾传》）。正德时嬖佞以传奉得官，琐滥最甚。世宗即位，裁汰锦衣诸卫内监局旗校工役至十四万八千七百人。岁减漕粮百五十三万二千余石（同上书卷一九〇《杨廷和传》）。不久又汰去京卫及亲军冗员三千二百人（同上书卷一九六《夏言传》）。虽然经过这两次大刀阔斧的裁汰，可是不久又继续增加："边功升授，勋贵传请，曹局添设，大臣恩荫，加以厂卫监局勇士匠人之属，岁增月益，不可胜数"（同上书卷二十《刘体乾传》）。到万历时，神宗倦于政事，大小臣僚多缺而不补，可是武职仍达八万二千余员。到天启时魏忠贤乱政，武职之滥，打破了历

---

①《明史》卷一八〇《张宁传》："景泰七年言：京卫带俸武职，一卫至二千余人，通计三万余员，岁需银四十八万，米三十六万，他折俸物动经百万。耗损国储，莫甚于此。而其间多老弱不娴骑射之人。"

朝的纪录，连当时人也说："不知又增几倍？"[①] 军日减而官日增，军减而粮仍旧额，国家负担并不减轻，官增则冗费愈多，国库愈匮。并且养的是不能战的军，添的也是不能战的官。到崇祯末年，内外交逼，虽想整顿，也来不及了。

从京军军伍的减削情形看，明初到正统可说是京军的全盛时期。土木之变后，经过于谦一番整顿，军力稍强，可是额数已大减于旧，可说是京军的衰落时期。从成化到明末，则如江河日下，一年不如一年，是京军的崩溃时期。在全盛时期，明成祖和宣宗六次打蒙古，三次打安南，京军是全军中最精锐的一部分。在衰落时期，军数虽少，还能打仗。到成化以后，京军虽仍四出征讨，却已没有作战能力了。《明史》卷一八〇《曹璘传》说：

弘治元年言：诸边有警，辄命京军北征。此辈骄惰久，不足用。乞自今勿遣，而以出师之费赏边军。

《刘健传》也说：

---

①《明史》卷二七五《解学龙传》："天启二年疏言：国初文职五千四百有奇，武职二万八千有奇。神祖时文增至一万六千余，武增至八万二千余。今不知又增几倍？"

弘治十七年夏，小王子谋犯大同。健言京军怯不任战，乞自今罢其役作，以养锐气。（《明史》卷一八一）

同时的倪岳则说京军之出，反使边军丧气，他说：

京军素号冗怯，留镇京师，犹恐未壮根本。顾乃轻于出御，用亵天威。临阵辄奔，反隳边军之功。为敌人所侮。（同上书卷一八三《倪岳传》）

这时离开国不过一百四十年，京军已以冗怯著称，政府中人异口同声地以为不可用了。

四、卫军的废弛

京外卫所军的废弛情形也和京军一样。

明代军士的生活，我们可用明太祖的话来说明，他说：

那小军每一个月只关得一担儿仓米。若是丈夫每不在家里，他妇人家自去关呵，除了几升做脚钱，那害人的仓官又斛面上打减了几升。待到家里鍗（音伐）过来呵，止有七、八斗儿米，他全家儿大大小小要饭吃，要衣裳穿，他那里再得闲钱与人。（《大诰》武臣科敛害军第九）

正军衣着虽由官库支给，家属的却须自己制备。一石米在人口多的家庭，连吃饭也还不够，如何还能顾到衣服！《明史》卷一八五《黄绂传》：

成化二十二年巡抚延绥，出见士卒妻衣不蔽体。叹曰：健儿家贫至是，何面目临其上。亟预给三月饷，亲为抚循。

黄绂所见的是卫军的普遍情形，延绥士卒的遭遇却是一个难得的例外。甚至病无医药，死无棺殓，《明史》卷一六〇《张鹏传》：

鹏景泰二年进士。……出按大同宣府，奏两镇军士敝衣菲食，病无药，死无棺。乞官给医药棺櫘，设义冢，俾祭厉祭。死者蒙恩，则生者劝。帝立报可，且命诸边概行之。

经过张鹏的提议，才由官给医药棺櫘，却仍只限于诸边，内地的不能享受这权利。卫军生活如此，再加以上官的剥削和虐待，假如有办法，他们是会不顾一切，秘密逃亡的。

除从征和归附的军士以外，谪发和垛集军是强逼从军的。他们被威令所逼，离开所习惯的土地和家族，到一个辽远的陌生的环境中去，替统治阶级服务。一代一代地下去，子子孙孙永远继承这同一的命运和生活。大部分的军士发生逃亡的现象，特别是谪发的逃亡最多。万历时章潢说：

国初卫军藉充垛集，大县至数千名，分发天下卫所，多至百余卫，数千里之远者。近来东南充军亦发西北，西北充军亦多发东南。然四方风土不同，南人病北方之苦寒，北人病南方之暑湿。逃亡故绝，莫不由斯。道里既远，勾解遂难。（章潢《图书编》卷一一七）

据正德时王琼的观察，逃亡者的比例竟占十之八九。他以为初期经大乱之后，民多流离失恒产，乐于从军。同时法令严密，卫军不敢逃亡。后来政府不能约束官吏，卫军苦于被虐待、剥削，和逼于乡土之思，遂逃亡相继（王琼《清军议》）。卫所的腐败情形，试举数例：

宣德九年二月壬申，行在兵部右侍郎王骥言：中外都司卫所官，惟知肥己，征差则卖富差贫，征办则以一科十，或占纳月钱，或私役买卖，或以科需扣其月粮，或指操备减其布絮。衣食既窘，遂致逃亡。（《明宣宗实录》卷一〇八）

弘治时刘大夏《条列军伍利弊疏》也说：

在卫官军苦于出钱，其事不止一端：如包办秋青草价；给与勇士养马；比较逃亡军匠；责令包工雇役；或帮贴锦衣卫夷人马匹；或加贴司苑局种菜军人；内外宫人造坟，皆用夫价；接应公差车辆，俱费租钱，其他使用，尚不止此。又管营内外官员，率于军伴额数之外，摘发在营操军役使，上下相袭，视为当然。又江南军士漕运，有修船盘削之费，有监收斛面之加，其他掊克，难以枚举。以致逃亡日多，则拨及全户，使富者贫，贫者终至于绝。江南官军每遇营操，虽给行粮，而往返之费，皆自营办。况至京即拨做工雇车运料，而杂拨纳办，有难以尽言者。（《刘忠宣公集》卷一）

卫军一方面被卫官私家役使[1]，甚至被逼为朝中权要种田[2]。

---

①《明成祖实录》卷六八："永乐五年六月辛卯，御史蒋彦禄言：国家养军士以备攻战。暇则教之，急则用之。今各卫所官夤缘为奸，私家役使，倍蓰常数。假借名义以避正差，贿赂潜行，互相蔽隐。"

②《明史》卷一七七《年富传》："英国公张懋及郑宏各置庄田于边境，岁役军耕种。"

月粮既被克扣[①]，又须交纳月钱，供上官挥霍。[②]隆庆三年（1569）萧廪出核陕西四镇兵食，发现被隐占的卒伍至数万人（《明史》卷二二七《萧廪传》）。军士无法生活，一部分改业为工人商贩，以所得缴纳上官。景帝即位时，刘定之上言十事，论当时情形：

天下农出粟，女出布，以养兵也。兵受粟于仓，受布于库，以卫国也。向者兵士受粟布于公门，纳月钱于私室，于是手不习击刺之法，足不习进退之宜，第转贷为商，执技为工，而以工

①王鏊《王文恪公文集》卷一九《上边议八事》："今沿边之民，终年守障，辛苦万状。而上之人又百方诛求，虽有屯田而子粒不得入其口，虽有月粮而升斗不得入其家，虽有赏赐而或不得给，虽有首级而不得为己功。"《明史》卷一八二《刘大夏传》："弘治十七年召见大夏于便殿……问军，对曰：穷与民等。帝曰：居有月粮，出有行粮，何故穷？对曰：其帅侵克过半，安得不穷！"《明英宗实录》卷一二六："正统二年十月辛亥，直隶巡按御史李奎奏：沿海诸卫所官旗，多克减军粮入己，以致军士艰难，或相聚为盗贼，或兴贩私盐。"

②《明史》卷一六四《曹凯传》："景泰中擢浙江右参政。时诸卫武职役军办纳月钱，至四千五百余人。"同书卷一八〇《汪奎传》："成化二十一年言：内外座营监枪内官增置过多，皆私役军士，办月钱。多者至二三百人。武将亦多私役健丁，行伍惟存老弱，甚至余军亦被私役。"《明英宗实录》卷一八六："正统十四年十二月壬申，兵科给事中刘斌奏：近数十年典兵官员既私役正军，又私役余丁。甚至计取月钱，粮不全支。是致军士救饥寒之不暇，尚何操习训练之务哉！"

商所得，补纳月钱。民之膏血，兵之气力，皆变为金银，以惠奸宄。一旦率以临敌，如驱羊拒狼，几何其不败也。（《明史》卷一七六）

大部分不能忍受的，相率逃亡，有的秘密逃回原籍，如正统时李纯所言：

三年十月辛未，巡按山东监察御史李纯言：辽东军士往往携家属潜从登州府运船，越海道逃还原籍。而守把官军，受私故纵。（《明英宗实录》卷四七）

有的公开请假离伍：

正统十一年五月己卯，福建汀州府知府陆征言：天下卫所军往往假称欲往原籍取讨衣鞋，分析家赀，置备军装。其官旗人等贪图贿赂，从而给与文引遣之。及至本乡，私通官吏乡里，推称老病不行，转将户丁解补。到役未久，托故又去。以致军伍连年空缺。（《明英宗实录》卷一四一）

其因罪谪戍的，则预先布置，改换籍贯，到卫即逃，无从勾捕：

宣德八年十二月庚午，巡按山东监察御史张聪言：辽东军士多以罪谪戍，往往有亡匿者。皆因编发之初，奸顽之徒，改易籍贯，至卫即逃。比及勾追，有司谓无其人，军伍遂缺。（《明宣宗实录》卷一百七）

沈德符记隆万时戍军之亡匿情形，直如儿戏。他说：

吴江一叟号丁大伯者，家温而喜谈饮，久往来予家。一日忽至邸舍，问之，则解军来。其人乃捕役妄指平民为盗，发遣辽东三万卫充军，亦随在门外。先人语之曰：慎勿再来，倘此犯逸去，奈何！丁不顾，令之入叩头，自言姓王，受丁恩不逸也。去甫一月，则王姓者独至邸求见。先人骇问之，云已讫事，丁大伯亦旦夕至矣。先人细诘其故，第笑而不言。又匝月而丁来，则批回在手。其人到伍，先从间道逸归，不由山海关，故反早还。因与丁作伴南旋。近闻中途亦有逃者，则长解自充军犯，雇一二男女，一为军妻，一为解人，投批到卫收管，领批报命时竟还桑梓。彼处戍长，以入伍脱逃，罪当及己，不敢声言。且利其遗下口粮，潜入囊橐。而荷戈之人，优游闾里，更无谁何之者。（《野获编补遗》）

卫所官旗对于卫军之逃亡缺额，非但毫不过问，并且引为利源。因为一方面他们可以干没逃亡者的月粮，一方面又可以向逃亡者需索贿赂。永乐十二年（1414）明成祖曾申说此弊：

十月辛巳上谕行在兵部臣曰：今天下军伍不整肃，多因官吏受赇，有纵壮丁而以罢弱充数者；有累岁缺伍不追补者；有伪作户绝及以幼小纪录者；有假公为名而私役于家者。遇有调遣，十无三四。又多是幼弱老疾，骑士或不能引弓，步卒或不能荷戈，缓急何以济事！（《明成祖实录》卷一五七）

五年后监察御史邓真上疏说军卫之弊，也说：

内外各卫所军士，皆有定数，如伍有缺，即当勾补。今各卫所官吏惟耽酒色货贿，军伍任其空虚。及至差人勾补，纵容卖放，百无一二到卫，或全无者；又有在外娶妻生子不回者。官吏徇私蒙蔽，不行举发。又有勾解到卫而官吏受赃放免；及以差使为由，纵其在外，不令服役。此军卫之弊也。（《明成祖实录》卷二一九）

在这情形下，《明史·兵志》记从吴元年（1367）十月到洪武三年（1370）十一月，三年中军士逃亡者四万七千九百余。到正统三年（1438）离开国才七十年，这数目就突增到一百二十万有奇，占全国军伍总数二分之一弱。[①]据同年巡按山东监察御史李纯的报告，他所视察的某一百户所，照理应有旗军一百十二人，可是逃亡所剩的结果，只留一人（《明英宗实录》卷四七）。

边防和海防情况：辽东的兵备在正德时已非常废弛，开原尤甚，士马才十二，墙堡墩台圮殆尽，将士依城堑自守，城外数百里，悉为诸部射猎地（《明史》卷一九九《李承勋传》）。蓟镇兵额到嘉靖时也十去其五，唐顺之《覆勘蓟镇边务首疏》：

从石塘岭起，东至古北口墙子岭马兰谷，又东过滦河，至于太平寨燕河营，尽石门寨而止，凡为区者七。查得原额兵共七万六百零四名，见在四万六千零三十七名。逃亡二万四千五百六十七名。又从黄花镇起，西至于居庸关，尽镇边城而止，凡为区者三，查得原额兵共二万三千二十五名，逃亡一万零一百九十五名。总两关十区之兵，原额共九万三千八百二十四名，见在五万九千六十二名，逃亡三万四千七百六十二名。蓟兵称雄，由来久矣。比臣等至镇，则见其人物琐软，筋骨绵缓，靡靡然有暮气之惰，而无朝气之锐。

---

① 《明英宗实录》卷四六："正统三年九月丙戌，行在兵部奏：天下都司卫所发册坐勾逃故军士一百二十万有奇。今所清出，十无二三。未几又有逃故，难以遽皆停止。"

就而阅之，力士健马，什才二三，钝戈弱弓，往往而是。其于方圆牝牡九阵分合之变，既所不讲，剑盾枪箭五兵之长，亦不能习。老羸未汰，纪律又疏，守尚不及，战则岂堪。（《荆川外集》卷二）

沿海海防，经积弛后，尤不可问。《明史》卷二〇五《朱纨传》记嘉靖二十六年（1547）时闽浙情形说：

漳、泉巡检司弓兵旧额二千五百余，仅存千人。……浙中卫所四十一，战船四百三十九，尺籍尽耗。

海道副使谭纶述浙中沿海卫所积弊：

卫所官军既不能以杀贼，又不足以自守，往往归罪于行伍空虚，徒存尺籍，似矣。然浙中如宁、绍、温、台诸沿海卫所，环城之内，并无一民相杂，庐舍鳞集，岂非卫所之人乎？顾家道殷实者，往往纳充吏承，其次赂官出外为商，其次业艺，其次投兵，其次役占，其次搬演杂剧，其次识字，通同该伍放回附近原籍，岁收常例，其次舍人，皆不操守。即此八项，居十之半，且皆精锐。至于补伍食粮，则反为疲癃残疾，老弱不堪之辈，军伍不振，战守无资，弊皆坐此。至于逃亡故绝，此特其一节耳。（胡宗宪《筹海图编》卷一一《经略一·实军伍》）

以至一卫军士不满千余，一千户所不满百余（同上兵部尚书张时彻语）。一遇事变，便手足无措。倭寇起后，登陆屠杀，如入无人之境。充分证明了卫军的完全崩溃，于是有募兵之举，另外召募壮丁，加以训练，抵抗外来的侵略。

五、勾军与清军

卫所军士之不断地逃亡，使统治阶级感觉恐慌，努力想法挽救。把追捕逃军的法令订而又订，规定得非常严密。《明史》卷九二《兵志》四记：

> 大都督府言：起吴元年十月至洪武三年十一月，军士逃亡者四万七千九百余。于是下追捕之令，立法惩戒。小旗逃所隶三人降为军，上至总旗百户千户皆视逃军多寡，夺俸降革。其从征在外者罚尤严。

把逃军的责任交给卫所官旗，让他们为自己的利益约束军士，这办法显然毫无效果，因为在十年后又颁发了同样性质的法令：

> 洪武十三年五月庚戌，上谕都督府臣曰：近各卫士卒率多逋逃者，皆由统之者不能抚恤。宜量定千百户罚格。凡一千户所逃至百人者千户月减俸一石，逃至二百人减二石。一百户所逃及十

人者月减俸一石，二十人者减二石，若所管军户不如数，及有病亡事故残疾事，不在此限。（《明太祖实录》卷一三一）

洪武十六年（1383）又命五军都督府檄外卫所，速逮缺伍士卒，名为勾军。特派给事中潘庸等分行清理，名为清军。洪武二十一年（1388）以勾军发生流弊，命卫所及郡县编造军籍：

九月庚戌，上以内外卫所军伍有缺，遣人追取户丁，往往鬻法，且又骚动于民。乃诏自今卫所以亡故军士姓名乡贯编成图籍送兵部，然后照籍移文取之，毋擅遣人，违者坐罪。寻又诏天下郡县，以军户类造为册，具载其丁口之数，如遇取丁补伍，有司按籍遣之，无丁者止。（同上书卷一九三）

军籍有三份，一份是清勾册（卫所的军士逃亡及死亡册），一份是郡县的军户原籍家属户口册，一份是收军册。卫所的军额是一定的，卫军规定必须有妻，不许独身不婚。[①]父死子继。如有逃亡缺伍或死绝，必须设法补足。补额的方法是到原籍追捕本身或其亲属。同年又置军籍勘合：

---

①《筹海图编》卷一一《实军伍》，兵部尚书张时彻云："（卫军）无妻者辄罢革。"《明史》卷九二《兵志》四："军士应起解者皆佥妻。"

是岁命兵部置军籍勘合，遣人分给内外卫所军士，谓之勘合户由。其中间写从军来历，调补卫所年月，及在营丁口之数。遇点阅则以此为验。其底薄则藏于内府。（《明太祖实录》卷一九五）

这两种制度都为兵部侍郎沈溍所创。《明史》曾对这新设施的成效加以批评：

明初卫所世籍及军卒勾补之法，皆沈溍所定。然名目琐细，薄籍繁多，吏易为奸。终明之世，颇为民患，而军卫亦日益耗。（《明史》卷一三八《唐铎传》）

实际上不到四十年，这两种制度都已丧失效用了。不但不能足军，反而扰害农民。第一是官吏借此舞弊：

宣德八年二月庚戌，行在兵部请定稽考勾军之令。盖故事都司卫所军旗伍缺者，兵部预给勘合，从其自填，遣人取补。及所遣之人，事已还卫，亦从自销，兵部更无稽考。以故官吏夤缘为弊，或移易本军籍贯，或妄取平民为军，勘合或给而不销，限期或过而不罪。致所遣官旗，迁延在外，娶妻生子，或取便还乡，二三十年不回原卫所者，虽令所在官司执而罪之，然积弊已久，猝不能革。（《明宣宗实录》卷九九）

使奉命勾军的官旗，自身也成逃军。第二是军籍散失，无法勾补：

宣德八年八月壬午，河南南阳府知府陈正伦言：天下卫所军士，或从征，或屯守，或为事调发边卫。其乡贯姓名诈冒更改者多。洪武中二次勘实造册，经历年久，簿籍鲜存，致多埋没。有诈名冒勾者，官府无可考验虚实。（同上书卷一〇四）

政府虽然时派大臣出外清理军伍，宣德三年（1428）且特命给事中御史按期清军。清军条例也一增再增，规定得非常严密，军籍也愈来愈复杂。嘉靖三十一年（1552）又增编兜底、类卫、类姓三册，合原有之军黄总册（即户口册）为四册。[①]但是这一切的条例和繁复的手续，只是多给予官吏以舞弊的机会，

---

①《大明会典》卷一五五《兵部二八·军政二·册单》："凡大造之年，除军黄总册照旧攒造外，又造兜底一册，细开各军名贯，充调来历，接补户丁，务将历年军册底查对明白，毋得脱漏差错。又别造类姓一册，不拘都图卫所，但系同姓者摘出类编。又别造类卫一册，以各卫隶各省，以各都隶各卫，务在编类详明，不许混乱。其节年间发永远新军亦要附入各册，前叶先查概县军户总数以递合图，以图合都，以都合县。不许户存户绝，有无勾单，务寻节年故牍，补足前数。每于造册之年，另造一次，有增无减，有收无除。每县每册各造一样四本，三本存各司府州县，一本送兵部备照。册高阔各止一尺二寸，不许宽大，以致吏书作弊。"按军黄《明史》及《明史稿·兵志》均作军贯，今从《会典》。

卫军的缺伍情形，仍不因之稍减。

在明代前期，最为民害的是勾军。军士缺伍，勾捉正身者谓之跟捕，勾捕家丁者谓之勾捕。勾军的弊害，洪熙元年（1425）兴州左屯卫军士范济曾上书说：

臣在行伍四十余年，谨陈勾军之弊：凡卫所勾军有差官六七员者，百户所差军旗二人或三人者，俱是有力少壮，及平日结交官长，畏避征差之徒，重贿贪饕官吏，得往勾军。及至州县，专以威势虐害里甲，既丰其馈馔，又需其财物，以合取之人及有丁者释之。乃诈为死亡，无丁可取，是以留宿不回。有违限二三年者，有在彼典雇妇女成家者。及还，则以所得财物，贿其枉法官吏，原奉勘合，朦胧呈缴。较其所取之丁，不及差遣之官，欲求军不缺伍，难矣。（《明宣宗实录》卷五）

官校四出，扰乱得闾里不宁，却对军伍之缺，一无裨补。正统元年（1436）九月分遣监察御史轩輗等十七人清理军政，在赐敕中也指出当时的弊害，促令注意。敕书说：

武备立国之重事。历岁既久，弊日滋甚。军或脱籍以为民，民或枉指以为军。户本存而谓其为绝，籍本异而强以为同。变易姓名，改易乡贯，夤缘作弊，非止一端。推厥所由，皆以军卫有

司及里甲人等贪赂挟私，共为欺蔽，遂致妄冒者无所控诉，埋没者无从追究，军缺其伍，民受其殃。（《明英宗实录》卷二二）

在实际上，不但法外的弊害，使农民受尽苦痛，即本军本户的勾补，对农民也是极大灾难。试举数例说明。第一例要七十老翁和八岁孩子补伍：

洪武二十五年四月壬子，怀远县人王出家儿年七十余，二子俱为卒从征以死。一孙甫八岁，有司复追逮补伍。出家儿诉其事于朝，令除其役。（《明太祖实录》卷二七）

第二例单丁补役，田地无人耕种：

永乐八年四月戊戌，湖广郴州桂阳县知县梁善言：本县人民充军数多，户有一丁者发遣补役，则田地抛荒，税粮无征，累及里甲。（《明成祖实录》卷一〇二）

第三例地方邻里因勾军所受的损失。万历三年（1575）徐贞明疏言：

东南民素柔脆，莫任远戍。今数千里勾军，离其骨肉。军壮出于户丁，帮解出于里甲，每军不下百金。而军非土著，志不久

安，辄赂卫官求归。卫官利其赂且可以冒饷也，因而纵之。是困东南之民，而实无补于军政也。（《明史》卷二二三）

解除军籍的唯一途径，明初规定，必须做到兵部尚书才能脱籍为民。[①]《明史》卷一三八《唐铎传》记陈质许除军籍，称为特恩：

潮州陈质父在戍籍。父殁，质被勾补，请归卒业，帝命除其籍。（兵部尚书）沈缙以缺军伍持不可。帝曰：国家得一卒易，得一士难。遂除之。然此皆特恩云。[②]

后定制生员特许免勾，但要经考试合格：

凡开伍免勾，洪武二十三年令生员应补军役者，除豁遣归

---

①《明史》卷九二《兵志》清理军伍。同书卷一三八《陈修传》："翟善迁吏部尚书，帝欲除其家戍籍。善曰：戍卒宜增，岂可以臣破例。帝益以为贤。"

②《明史》卷一四二《陈彦回传》："彦回甫田人。父立诚为归安丞，被诬论死，彦回谪戍云南，家人从者多道死，惟彦回与祖母郭在。会赦又弗原，监送者怜而纵之，贫不能归，依乡人知县黄积良。……彦回后擢徽州知府。……当彦回之戍云南也，其弟彦囦亦戍辽东。至是诏除彦回籍。"按以罪谪戍者，如罪不至全家，经请求得由子弟代役，《明史》卷一四三《高巍传》："由太学生试前军都督府左断事，……寻以决事不称旨当罪，减死戍贵州关索岭。特许弟侄代役，曰旌孝子也。"《周缙传》："遣戍兴州，有司遂捕缙械送戍所。居数岁，子代还。"

卒业。二十九年令生员应起解者，送翰林院考试，成效者开伍，发回读书。不成者照旧补役。（《大明会典》卷一五四）

永乐时又定例现任官吏免勾：

二年令生勾军有见任文武官及生员吏典等，户止三丁者免勾，四丁以上者勾一丁补伍。（同上）

从此官僚阶级得豁去当军的义务，军伍的勾取只限于无钱无势的平民了。

勾军之害，已如上述。一到大举清军时，其害更甚。清军官吏是以清出军伍的多少定考成的，因此肆意诛求，滥及民户，惟恐所勾太少。《明史》记宣德时清军情形：

（赵豫）官松江知府。清军御史李立至，专务益军，勾及亲戚同姓，稍辩则酷刑榜掠，人情大扰。诉枉者至一千一百余人。[①]

① 《明史》卷二八一《赵豫传》，同上《张宗琏传》："朝遣李立理江南军籍，檄宗琏自随。立受黠军词，多逮平民实伍。"吴宽《匏翁家藏集》卷三三《崔巡抚辩诬记》："宣德初所谓军政条例始行于天下。御史李立往理苏、常等府。立既刻薄，济以苏倅张徽之凶暴，专欲括民为军。民有与辩者，徽辄怒曰：汝欲为鬼耶？抑为军耶？一时被诬与死杖下者，多不可胜数。苏人恨入骨髓。然畏其威，莫敢与抗也。"

正德时武定清军，一州至万余人：

（郭侃）官武定知州。会清军籍，应发遣者至万二千人。侃曰：武定户口三万，是空半州也。力争之得寝。（《明史》卷二八一《郭侃传》）

王道论清军之弊有三：第一是清勾不明；第二是解补太拘；第三是军民并役。他说：

清勾之始，执事不得其人，上官不屑而委之有司，有司不屑而付之吏胥，贿赂公行，奸弊百出。正军以富而幸免，贫民无罪而干连，有一军缺而致数人之命，一户绝而破荡数家之产者矣，此清勾不明之弊一也。国初之制，垛集者不无远近之异，谪戍者多罹边卫之科，承平日久，四海一家，或因迁发，填实空旷，或因商宦，流寓他方，占籍既久，桑梓是怀。今也勾考一明，必欲还之原伍，远或万里，近亦数千，身膺桎梏，心恋庭闱，长号即路，永诀终天，人非木石，谁能堪此，此解补太拘之弊二也。迩年以来，地方多事，民间赋役，十倍曩时，鬻卖至于妻子，算计尽乎鸡豚，苦不聊生，日甚一日，而又忽加之以军伍之役，重之以馈送之繁，行赍居送，无地方可以息肩，死别生离，何时为之聚首？民差军需，交发互至，财殚力竭，非死即亡，此军民并役之弊三也。（《顺渠先生文集》卷四）

至嘉靖时，军伍更缺，法令愈严，有株累数十家，勾摄经数十年者，丁口已尽，犹移覆纷纭不已。万历中南直隶应勾之军至六万六千余，株连至二三十万人（《明史》卷九二《兵志四》）。卫军已逃亡的，“勾军无虚岁，而什伍日亏。”未逃亡或不能逃亡的，却“平居以壮仪卫，备国容犹不足”[①]。卫所制度到这时候，已经到了完全崩溃的阶段了。

六、募兵

从永乐迁都北京以后，每年须用船运东南米数百万石北来，漕运遂为明代要政。运粮多由各地卫军负责。宣宗即位后，始定南北卫军分工之制，南军转运，北军备边。[①]特设漕运总兵，用卫军十二万人（《明史》卷一五三《陈暄传》）。东南军力由之大困。弘治元年（1488）都御史马文升疏论运军之苦说：

①顾起元：《客座赘语》二《勾军可罢》：“南都各卫军在卫者，余尝于送表日见之。尪羸饥疲，色可怜，与老稚不胜衣甲者居大半。平居以壮仪卫，备国容犹不足，脱有事而责其效一臂力，何可得哉！其原繇尺籍，皆系祖军，死则其子孙或其族人充之，非盲瞽废疾，未有不编于伍者。又户绝必清勾，勾军多不乐轻去其乡，中道辄逃匿，比至又往往不习水土，而病且死。以故勾军无虚岁而什伍日亏。且勾军之害最大，一户而株累数十户不止。比勾者至卫所，官卫又以需索困苦之，故不病且死，亦多以苦需索而窜。”

②《明史》卷一四五《朱能传》：“朱勇以南北诸卫所军，备边转运，错互非便。请专令南军转运，北军备边。”

各直省运船，皆工部给价，令有司监造。近者漕运总兵以价不时给，请领价自造，而部臣以军士不加爱护，议令本部出料四分，军卫任三分，旧船抵三分。军卫无从措办，皆军士卖资产，鬻男女以供之，此造船之苦也。正军逃亡数多，而额数不减，俱以余丁充之，一户有三四人应役者，春兑秋归，艰辛万状，船至张家湾，又雇车盘拨，多称贷以济用，此往来之苦也。其所称贷，运官因以侵渔，责偿倍息，而军士或自载土产以易薪米，又格于禁例，多被掠夺。（《明史》卷七九《食货志三·漕运》）

江南军士“多因漕运破家”，江北军士则“多以京操失业”[①]。南北卫军因之都废弛不可用。

明代用全力防守北边，备蒙古入侵。腹地军力极弱，且经积弛之后，一有事故，便手足无措。隆庆时靳学颜疏言：

夫陷阵摧坚，旗鼓相当，兵之实也。今边兵有战时，若腹兵则终世不一当敌，每盗贼窃发，非阴阳医药杂职，则丞贰判簿为之将，非乡民里保，则义勇快壮为之兵，在北则借盐丁矿徒，在南则借狼土，此皆腹兵不足用之明验也。（《明史》

① 《刘忠宣公集》卷一《乞休疏》中语。

卷二一四《靳学颜传》）

所说的虽然是后期情形，其实在前期即已如此。正统时邓茂七起义，将帅尪怯退避，反由文吏指挥民兵作战。[①]天顺初年两广“盗”起，将吏率缩朒观望，怯不敢战。[②]至正德时刘宠、刘辰起义，腹地卫军已全不能用：

正德六年刘宠刘辰等自畿辅犯山东河南，下湖广，抵江西。复自南而北，直窥霸州。杨虎等自河北入山西，复东抵文安，与宠等合。破邑百数，纵横数千里，所过若无人。（《明史》卷一八七《马中锡传》）

只好调边兵来作战。西南和东南则调用素称慓悍嗜杀的狼土兵。[③]可是狼土兵毫无军纪，贪淫残杀，当时有“贼如梳，军

①《明史》卷一六五《丁瑄传》：当是时浙闽盗所在剽掠为民患，将帅率玩寇，而文吏励民兵拒贼往往多斩获。闽则有张英王得仁之属，浙江则金华知府石瑁擒遂昌贼苏才。处州知府张佑击贼众，擒斩千余人。”

②《明史》卷一六五《叶祯传》。卷一七七《叶盛传》：“天顺二年巡抚两广，时两广盗贼蜂起，所至破城杀将，诸将怯不敢战，杀平民冒功，民相率从贼。”

③狼兵和土兵是湖南、广西一带土司的军队，参看《明史》卷三一〇《土司传》和毛奇龄《蛮司合志》。

如篦，土兵如鬄”[①]和“土贼尤可，土兵杀我”之谣。[②]甚或调用土达[③]，如毛胜（原名福寿）之捕苗云南：

正统六年，靖远伯王骥请选在京番将舍人捕苗云南，乃命胜与都督冉保统六百人往。……（正统十四年）以左副总兵统河间东昌降夷赴贵州（平贼）。（同上书卷一五六《毛胜传》）

和勇（原名脱脱孛罗）之平两广“盗”：

天顺间以两广多寇，命充游击将军，统降夷千人往讨。……成化初赵辅、韩雍征大藤峡，诏勇以所部从征。（同上书卷一五六《和勇传》）

又行佥民壮法，增加地方兵力。正统二年（1437）始募所

---

①《明史》卷一八七《洪钟传》：“正德五年，保宁贼起。官兵不敢击，潜蹑贼后，馘良民为功，土兵虐民尤甚。时有谣曰：贼如梳，军如篦，土兵如鬄。”

②《明史》卷一八七《陈金传》：“正德六年，江西盗起。金以所属郡兵不足用，奏调广西狼土兵，累破剧贼。然所用目兵，贪残嗜杀，剽掠甚于贼。有巨族数百口阖门罹害者。所获妇女率指为贼属，载数十艘去。民间谣曰：土贼尤可，土兵杀我。金亦知民患之，方倚其力不为禁。”

③蒙古降人和内地的土著蒙古人。

在军余民壮愿自效者。十四年（1449）令各处召募民壮，就令本地官司率领操练，遇警调用，事定仍复为民。弘治二年（1489）又令：

州县选取年二十以上五十以下精壮之人，州县七八百里，每里佥二名。五百里者每里三名。三百里者每里四名。一百里以上者每里五名。春夏秋每月操二次，至冬操三歇三，遇警调集，官给行粮。（《明史》卷九一《兵志》）

富民不愿服务，可纳钱免佥，由官代募。此种地方兵又称机兵，在巡检司者称为弓兵。到此人民又加上一层新负担，军外加兵，疲于奔命。

调用边兵土兵达兵和佥点民壮，虽然解决了一时的困难，可是边兵有守边之责，土兵不易制裁，达兵数目不多，民壮稍后也积弊不可用，而且是地方兵，只供守卫乡里，不能远调。王守仁在正德时曾申说当时兵备情形：

赣州财用耗竭，兵力脆弱，卫所军丁，只存故籍，府县机（兵）快（手），半充虚文，御寇之方，百无一恃，以此例彼，余亦可知。是以每遇盗贼猖獗，辄覆奏请兵，非调土军，即倩狼达，往返之际，辄已经年，靡费所需，动逾数万。逮至集兵举事，即已魍魉潜形，曾无可剿之贼，稍俟班师旋旅，则又鼠狐聚党，复当不轨之群。机宜屡失，备御益弛。征发无救于疮痍，供饩适增其荼毒。群盗习知其然，愈肆无惮，百姓谓莫可恃，竟亦从非。（《阳明集要·经济集一·选拣民兵》）

在这种情况下，不能不另想办法。于是有募兵出现。在卫军民壮以外，又加上第三种军队——募兵。出而卫军民壮自以为无用，愈加废弛。①

募兵之制，大约开端于正统末年。募兵和民壮不同，民壮是由地方按里数多少或每户壮丁多少佥发的，平时定期训练，余时归农，调发则官给行粮，事定还家。完全为警卫地方之用。募兵则由中央派人召募，入伍后按月发饷，东西征戍，一惟政府之命。战时和平时一样，除退役外不能离开行伍。正统土木之变，京军溃丧几尽，各省勤王兵又不能即刻到达，于是派朝

①顾炎武《亭林文集》卷六《兵制论》："正德末始令郡县选民壮。弘治中制里佥二名若四五名。有调发官给行粮。正德中计丁粮编机兵银，人岁食至七两有奇，悉赋之民。此之谓机（兵）快（手）民壮，而兵一增，制一变。又久备益弛，盗发雍豫，蔓延数省，民兵不足用，募新兵，倍其稰，以为长征之军，而兵再增，制再变。屯卫者曰：我乌知兵，转漕耳。守御非吾任也。故有机壮而屯卫为无用之人。民壮曰：我乌知兵，给役耳。调发非吾任也。故有新募而民壮为无用之人。"

官四出募兵[1]，以为战守之计。嘉靖时倭寇猖獗，沿海糜烂，当时人对于卫军之毫无抵抗能力，不能保卫地方，极为不满。主张在卫军和募兵两者中择较精锐的精练御敌，即以所淘汰的军的粮饷归之能战的兵，郎瑛所记“近日军”即代表此种意见。他说：

古之置军也防患，今之置军也为患。何也？太平无事，民出谷以养军，官有产以助军，是欲藉其有警以守，盗发以讨，所以卫民也。卫民，卫国也。今海贼为害有年矣，未闻军有一方之守，一阵之敌焉。守敌者非召募之土著，则选调别省兵勇。

---

①《明史》卷一五七《杨鼎传》：“也先将寇京师，诏以监察御史募兵兖州。”同书卷一六《石玮传》：“景帝即位，出募天下义勇。”卷一七五《白圭传》：“陷土木脱还，景帝命往泽州募兵。”按同书卷一六四《左鼎传》：“初京师戒严，募四方民壮分营训练，岁久多逃，或赴操不如期。建议编之尺籍。（练）纲等言：召募之初，激以忠义，许事定罢遣。今展转轮操，已孤所望。况其逃亡，实迫寒馁。岂可遽著军籍！边方多故，倘更召募，谁复应之。诏即除前令。”此为景泰四年事，距召募入伍时已五年。似乎这次所募的大部分是各地民壮，虽未著录于中央军籍，却已入伍四五年，编营训练，其性质和后来的兵相同了。至于《杨鼎传》和《白圭传》所记的募兵，当即为和军对称并行的兵，并非地方的民壮。又募兵须由中央，地方长官不得擅募。《明史》卷一六四记李信以擅募被劾可证：“景泰中曹凯擢浙江右参政。镇守都督李信搜募民为军，糜饷万余石。凯劾奏之。信虽获宥，诸助信募军者皆获罪。”传中军当作兵。

故见戮于贼也，非地方男妇良民，即远近召募之众。是徒有养军之害，而无卫军之实，国非亦为其所损哉！为今之计，大阅军兵，使较射扑，军胜于募，则以募银之半加于军，募胜于军，则扣军粮之半以益募。如此则军兵各为利而精矣。以练精者上阵以杀贼，余当减之也。庶民不费于召募之费，国不至于倍常之费，虽为民而实为国矣。（《七修类稿续稿》卷三）

要求用精练的兵作战。当时将帅都在这要求下纷纷募兵训练，内中最著名的如戚继光：

继光至浙，见卫所兵不习战，而金华义乌俗称慓悍，请召募三千人教以击刺法，长短兵迭用，由是继光一军特精。又以南方多薮泽，不利驰逐。乃因地形，制阵法，审步伐便利，一切战舰火器兵械，精求而更制之，戚家军名闻天下。（《明史》卷二一二《戚继光传》）

谭纶：

东南倭患已四年，朝议练乡兵御贼。参将戚继光请期三年而后用之。纶亦练千人，立束伍法，自裨将以下节节相制，分数既明，进止齐一，未久即成精锐，益募浙东良家子教之。而

继光练兵已及期，因收之为己用，客兵罢不复调。（同上书卷二一二《谭纶传》）

同时张鳌募兵名振武营[①]，郑晓[②]、朱先募盐徒为兵。[③]名将俞大猷所练兵名俞家军。[④]都卓有成效，在几年中完全肃清了倭寇。

在另一方面，北边的边军也渐渐地用募兵来代替和补充世军。《明史》卷二〇四《陈九畴传》：

世宗即位，巡抚甘肃。抵镇言：额军七万余，存者不及半，且多老弱，请令召募。报可。[⑤]

嘉靖二十九年（1550）又令蓟镇自于密云、昌平、永平、遵化募兵一万五千（《大明会典》卷一二九）。隆庆二年（1568）以

---

①《明史》卷二〇五《李遂传》："振武营者（南京）兵部尚书张鳌募健儿以御倭，素骄悍。（以给饷逾期哗变）遂奏调振武军护陵寝，一日散千人。"

②《明史》卷一九九《郑晓传》："募盐徒骁悍者为兵。"

③《明史》卷二一二《戚继光传》："朱先募海滨盐徒自为一军。"

④《明史》卷二一二《俞大猷传》："嘉靖四十二年，惠州府参将谢敕与伍端温七战失利，以俞家军至恐之。"

⑤《明史》卷二〇四《翟鹏传》："嘉靖二十一年，起鹏宣大总督。……修边墙……得地万四千九百余顷。募军千五百人，人给五十亩，省仓储无算。"

戚继光为总兵官练蓟镇兵，募浙兵三千作边军模范（《明史》卷二一二《戚继光传》）。后又续募浙兵九千余守边，边备大饬。（同上书《谭纶传》）甚至京军也用募兵充伍：

嘉靖二十九年，遣四御史募兵畿辅、山东、山西、河南得四万人，分隶神枢神机。（同上书卷八九《兵志》一）

从此以后，以募兵为主力，卫军只留空名，置而不用。[①]时人以为募兵较世军有十便：

年力强壮者入选，老弱疲癃，毋得滥竽其中，便一。一遇有缺伍，朝募而夕补，不若清勾之旷日持久，便二。地与人相习，无怀故土逃亡之患，便三。人必能一技与善一事者方得挂名什伍，无无用而苟食者，便四。汰减之法，自上为政，老病不任役者弃之，不若祖军顶替，有贿官职而瞒年岁者，便五。部科遴拣，一朝而得数什百人，贪弁不得缘以勒措需索，便六。

①《明史》卷二五一《蒋德璟传》："文皇帝设京卫七十二，计军四十万。畿内八府军二十八万，又有中都、大宁、山东、河南入卫班军十六万，春秋入京操演。深得居重驭轻之势。且自来征讨，皆用卫所官军，嘉靖末始募兵，遂置军不用，至加派日增，军民两困。"

有事而强壮者人可荷戈，不烦更为挑选，便七。家有有力者数人，人皆得为县官出力，不愿者勿强也，便八。壮而不能治生产者，得受糈于官，无饥寒之患，便九。猛健豪鸷之材，笼而驭之，毋使流为奸宄盗贼，便十。（《客座赘语》卷二）

万历末年建州勃兴，辽沈相继失守，募兵愈多，国库日绌。募来的兵多未经严格训练，又不能按时发饷，结果也和卫军一样，逃亡相继。熊廷弼《辽左大势久去疏》：

辽东见在兵有四种：一曰募兵，佣徒厮役，游食无赖之徒，几能弓马惯熟？几能膂力过人？朝投此营，领出安家月粮而暮逃彼营；暮投河东，领出安家银两而朝投河西。点册有名，及派工役而忽去其半；领饷有名，及闻告警而又去其半。此募兵之形也。（《熊襄愍公集》卷三）

甚至内地兵尚未出关，即已逃亡。[①]在辽就地所募兵，得饷后即逃亡过半。[②]天启时以四方所募兵日逃亡，定法摄其亲属

---

①《明史》卷二三七《冯应京传》：“辽阳陷，时议募兵，何栋如自请行。遂赍帑金赴浙江，得六千七百人。……所募兵畏出关，多逃亡。”

②《明史》卷二五九《熊廷弼传》：“刘国缙募辽人为兵，所募万七千人，逃亡过半。”并参阅《熊襄愍公集》卷四《新兵全伍脱逃疏》。

补伍（《明史》卷二五六《毕自严传》）。也只是一个空头法令，实际上并不能实行。稍一缺饷，则立刻哗变，崇祯元年（1628）川、湖兵戍宁远时，以缺饷四月大噪，余十三营起应之，至缚系巡抚毕自严（《明史》卷二五九《袁崇焕传》）。“流寇”起后，内外交逼，将帅拥兵的都只顾身家，畏葸不敢作战。政府也曲意宽容，极意笼络，稍有功效，加官封爵，惟恐不及。丧师失地的却不敢少加罪责，惟恐其拥兵叛乱，又树一敌。由此兵骄将悍，国力日蹙。[①]诸将中左良玉兵最强，拥兵自重，跋扈不肯听调遣，《明史》说他：

多收降寇以自重，督抚檄调，不时应命。……壁樊城，驱襄阳一郡人以实军，降贼附之，有众二十万。……福王立……南都倚为屏蔽。良玉兵八十万，号百万，前五营为亲军，后五营为降军，每春秋肄兵武昌诸山，一山帜一色，山谷为满。军法用两人夹马驰曰过对，马足动地，殷如雷声。诸镇兵惟高杰最强，不及良玉远甚。（《明史》卷二七三《左良玉传》）

---

①《明史》卷二六四《李梦辰传》：“崇祯六年冬……累迁本科给事中。复言：将骄军悍，邓玘、张外嘉之兵弑主而叛，曹文诏、艾万年之兵望贼而奔，尤世威、徐来朝之兵离汛而遁。今者张全昌、赵光远之兵且倒戈为乱矣。荥泽劫库杀人，偃师列营对垒，且全昌等会剿豫贼，随处逗留，及中途兵变，全昌竟东行，光远始西向。骄抗如此，安可不重治。帝颇采其言。”

一人拥兵八十万，当时号为左兵。在崇祯时代他为要保全私人实力，不听政府调遣。福王立，他又发动内战，以致清兵乘虚直捣南京。其他镇将如高杰、黄得功、刘泽清、刘良佐在北都亡后，拥兵江北，分地分饷，俨然成为藩镇。他们不但以武力干涉中央政事，还忙于抢夺地盘，互相残杀。高杰、黄得功治兵相攻，刘泽清、刘良佐、许定国则按兵不动。后来许定国诱杀高杰，以所部献地降清，刘泽清、刘良佐也不战降附，黄得功兵败自杀，南都遂亡。

七、军饷与国家财政

明初卫军粮饷，基本上由屯田所入支给。明太祖在初起兵时，即立民兵万户府，寓兵于农：

> 戊戌十一月辛丑，立管理民兵万户府。令所定郡县民武勇者，精加简拔，编辑为伍，立民兵万户府领之。俾农时则耕，闲则练习，有事则用之。事平有功者一体升擢，无功令还为民。（《明太祖实录》卷六）

又令诸将屯田各处。建国后宋讷又疏劝采用汉赵充国屯田备边的办法，以御蒙古。他说：

今海内乂安，蛮夷奉贡。惟沙漠未遵声教。若置之不理，则恐岁久丑类为患，边圉就荒。若欲穷追远击，六师往还万里，馈运艰难，士马疲劳。陛下为圣子神孙万世计，不过谨备边之策耳。备边固在乎兵实，兵实又在乎屯田。屯田之制，必当以法汉（赵充国）。……陛下宜于诸将中选其智勇谋略者数人，每将以东西五百里为制，随其高下，立法分屯。所领卫兵以充国兵数斟酌损益，率五百里一将，布列缘边之地，远近相望，首尾相应，耕作以时，训练有法，遇敌则战，寇去则耕，此长久安边之法也。（《西隐文稿》卷一〇《守边策略》）

同时由海道运粮到辽东，又时遭风覆溺。因之决意兴屯，不但边塞，即内地卫所也纷纷开屯耕种。定制边地卫所军以三分守城，七分屯种，内地二分守城，八分屯种。每军受田五十亩为一分，给耕牛农具，教树植，复租赋。初税亩一斗。建文四年（1402）定科则，军田一分正粮十二石，贮屯仓，听本军自支。余粮为本卫所官军俸粮。永乐时东自辽左，北抵宣大，西至甘肃，南至滇、蜀，极于交趾，中原则大河南北，在在兴屯（《明史》卷七七《食货志一·田制》）。养兵（数）百万，基本上由屯田收入支给（同上书卷二五七《王洽传》）。

除军屯外，边上又有商屯。洪武时户部尚书郁新创开中法：

新以边饷不继，定召商开中法。令商输粟塞下，按引支盐，边储以足。（同上书卷一五〇《郁新传》）。

商人以远道输粟，费用过大，就自己募人耕种边上闲田，即以所获给军，换取盐引，到盐场取盐贩卖营利，边储以足。

政府经费则户部银专给军旅，不作他用（《明史》卷二二〇《王遴传》）。户部贮银于太仓库，是为国库。内廷则有内承运库，贮银供宫廷费用，收入以由漕粮改折之金花银百万两为大宗。除给武臣禄十余万两外，尽供御用。边赏首功不属经常预算，亦由内库颁发。国家财政和宫廷费用分开（同上书卷七九《食货志三·仓储》）。军饷又概由屯田和开中支给。所以明初几次大规模的对外战争，如永乐、宣德时代之六次打蒙古，三次打安南，七次下西洋，虽然费用浩繁，国库还能应付。

可是军屯和商屯两种制度，不久便日趋废弛，国库也不能维持其独立性，为内廷所侵用。卫军坏而募兵增，政府既须补助卫军饷糈，又加上兵的饷银，国家经费，入不敷出，只好采取饮鸩止渴的办法，以出为入，发生加派增税捐纳种种弊政，农民于缴纳额定的赋税以外，又加上一层军兵费的新负担。

军屯之坏，在宣德初年范济即已上书指出。他说：

洪武中令军士七分屯田，三分守城，最为善策。比者调度日繁，兴造日广，虚有屯种之名，田多荒芜。兼养马采草伐薪烧炭，杂役旁午，兵力焉得不疲，农业焉得不废。（同上书卷一六四《范济传》）

屯军因杂役而废耕，屯的田又日渐为势豪所占。[1]正统以后，边患日亟，所屯田多弃不能耕。再加上官吏的需索，军士的逃亡，屯军愈困，卫所收入愈少。[2]政府没有办法，只好减轻屯粮，免军田正粮归仓，止征余粮六石。弘治时又继续减削，屯粮愈轻，军饷愈绌。

---

①《明史》卷一五七《柴车传》："宣德六年，山西巡按御史张勖言：大同屯田多为豪右占据。命车往按得田几二千顷，还之军。"卷一七六《商辂传》："塞上腴田率为势豪占据，辂请核还之军。"卷一五五《蒋贵传》："成化十年，蒋琬上言：大同、宣府诸塞腴田，无虑数十万，悉为豪右所占。"卷一八〇《张泰传》"弘治五年泰言：甘州膏腴地，悉为中官武臣所据，仍责军税。城北草湖，资戍卒牧马，今亦被占。"卷二六二《孙传庭传》："崇祯九年……西安四卫旧有屯田二万四千余顷，其后田归豪右，军尽虚籍。"

②侯朝宗《壮悔堂文集》卷四《代司徒公屯田奏议》"（诸阃帅荫职以）肥区归己，而以其瘠硗者移之军士，久则窜易厥籍，而粮弥不均。于是不得不寄甲于势要，而欺隐遂多。欺隐多于是不得不摊税于佃军，而包赔愈苦。流病相仍，非朝伊夕，人鲜乐耕，野多旷土，职此之繇。"

《明史》记：

初永乐时屯田米常溢三之一。常操军十九万，以屯军四万供之。而受供者又得自耕边外，军无月粮，是以边饷恒足。（《明史》卷七七《食货志一·田制》）

正统以后政府便须按年补助边费，称为年例。

军屯以势豪侵占，卫军逃亡而破坏，商屯则以改变制度而废弛。《明史·叶淇传》：

弘治四年为户部尚书。变开中之制，令淮商以银代粟，盐课骤增百余万，悉输之运司，边储由此萧然矣。（同上书卷一八五）

盐商从此可以用银买盐，不必再在边境屯田。盐课收入虽然骤增，可是银归运司，利归商人，边军所需是月粮，边地所缺的是米麦，商屯一空，边饷立绌。《明史·食货志》说：

弘治中叶淇变法而开中始坏，诸淮商悉撤业归，西北商亦多徙家于淮。边地为墟，米石直银五两，而边储枵然矣。

后来虽然有若干人提议恢复旧制，但因种种阻碍，都失败了。

明代国家财政每年出入之数，在初期岁收田赋本色米，除地方存留千二百万石外（同上书卷二二五《王国光传》），河、淮以南以四百万石供京师，河、淮以北，以八百万石供边，一岁之入，足供一岁之用（同上书卷二一四《马森传》）。到正统时边用不敷，由中央补助岁费，名为年例。正统十二年（1447）给辽东银十万两，宣大银十二万两（毕自严《石隐园藏稿》卷六《议复屯田疏》）。到弘治时内府供应繁多，“光禄岁供增数十倍，诸方织作，务为新巧，斋醮日费巨万，太仓所储不足饷战士，而内府收入，动四五十万。而宗藩贵戚之求土田，夺盐利者，亦数千万计。土木日兴，科敛不已。传奉冗官之俸薪，内府工匠之饩廪，岁增月积，无有穷期。”（《明史》卷一八一《刘健传》）财用日匮。国库被内廷所提用，军饷又日渐不敷，弘治八年（1495）尚书马文升以大同边警，至议加南方两税折银（《明史》卷一八一《谢迁传》）。正德时诸边年例增至四十三万两（同上书卷二三五《王德完传》），军需杂输，十倍前制（同上书卷一九二《张原传》）。京粮岁入三百五万，而食者乃四百三万（同上书卷二〇一《周金传》）。嘉靖朝北有蒙古之入寇，南有倭寇之侵轶，军兵之费较前骤增十倍。田赋收入经过一百五十年的休养生息，反比国初为少。[1]嘉靖五年（1526）银的岁入止百三十万两，岁出至二百四十万（同上书卷一九四《梁材传》）。光禄库金自嘉靖改元（1522）至十五年（1536）积至八十万，自二十一年（1542）以后，供亿日增，余藏顿尽（同上书卷二一四《刘体乾传》）。嘉靖二十九年（1550）俺答入寇，兵饷无出，只好增加田赋，名为加派，征银一百十五万。这时银的岁入是二百万两，岁出诸边费即六百余万，一切取财法行之已尽。[2]接着是东南的倭寇，又于南畿浙闽的田赋加额外提编，江南加至四十万。提编是加派的别名，为倭寇增兵而设，可是倭寇平后这加派就成为正赋（同上书卷七八《食货志二·赋役》）。广东也以军兴加税，到万历初年才恢复常额（同上书卷二五五《李戴传》）。诸边年例增至二百八十万两（同上书卷二〇二《孙应奎传》，同书卷二三五《王德完传》）。隆庆初年马森上书说：

---

①《明史》卷二〇八《黎贯传》："嘉靖二年疏言：国初夏秋二税，麦四百七十万，而今损九万，米二千四百七十三万，而今损二百五十万。以岁入则日减，以岁出则日增。"

②《明史》卷二〇〇《孙应奎传》："俺答犯京师后，羽书旁午征兵饷。应奎乃建议加派，自北方诸府暨广西、贵州外，其他量地贫富，骤增银一百十五万有奇，而苏州一府乃八万五千。"

屯田十亏七八，盐法十折四五，民运十逋二三，悉以年例补之。在边则士马不多于昔，在太仓则输入不多于前，而所费数倍。（同上书卷二一四《马森传》）

派御史出去搜括地方库藏，得银三百七十万也只能敷衍一年。内廷在这情形下，还下诏取进三十万两，经户部力争，乃命止进十万两（同上书卷二一四《刘体乾传》）。万历初年经过张居正的一番整顿，综核名实，裁节冗费，政治上了轨道，国库渐渐充实，渐渐成小康的局面。张居正死后，神宗惑于货利，一面浪费无度，一面肆力搜括，外则用兵朝鲜，内则农民暴动四起，国家财政又到了破产的地步。

万历前期的国家收入约四百万两，岁出四百五十余万两。岁出中九边年例一项即占三百六十一万两[①]，后来又加到三百八十余万两[②]。每年支出本来已经不够，内廷还是一味向国库索银，皇帝成婚，皇子出阁成婚，皇女出嫁，营建宫殿种种

①《明史》卷二二四《宋壎传》："万历十四年迁户部尚书。言：边储大计，最重屯田、盐策。近诸边年例银增至三百六十一万，视弘治初八倍。"

②《明史》卷二三五《王德完传》："万历十四年进士……累迁户科都给事中，上筹划边饷议言：诸边岁例，弘正间止四十三万，至嘉靖则二百七十余万，而今则三百八十余万。"

费用都强逼由国库负担。[①]又从万历六年（1578）起，于内库岁供金花银，又增买办银二十万两为定制（《明史》卷七九《食货志三·仓库》）。结果是外廷的太仓库光禄寺库太仆寺库的储蓄都被括取得干干净净，内廷内库帑藏山积，国库则萧然一空。[②]万历二十年（1592）哱拜反于宁夏；又接连用兵播州；朝鲜战役历时至七年。支出军费至一千余万两。[③]大半出于加派和搜括所得。《明史·孙玮传》记：

---

①《明史》卷二二〇《王遴传》："故事户部银专供军团，不给他用。帝大婚，暂取济边银九万两为织造费。至是复欲行之，遴执争。未几诏取金四千两为慈宁宫用，遴又力持，皆不纳。"卷二三七《万象春传》："皇女生，诏户部光禄寺各进银十万两，象春力谏不听。"卷二二〇《赵世卿传》："福王将婚，进部帑二十七万，犹以为少。……至三十六年七公主下嫁，宣索至数十万。世卿引故事力争，诏减三之一。世卿复言：陛下大婚止七万，长公主下嫁止十二万，乞陛下再裁损，一仿长公主例。帝不得已从之。"卷二四〇《朱国祚传》："万历二十六年诏旨采办珠宝二千四百万，而天下赋税之额乃止四百万。"《王德完传》："今皇长子及诸王册封冠婚至九百三十四万，而袍服之费复二百七十余万。"卷二四〇《张问达传》："帝方营三殿，采木楚中，计费二百二十万有奇。"

②《明史》卷二三〇《汪若霖传》："万历三十六年巡视库藏，见老库止银八万，而外库萧然。诸边军饷积逋至百余万。"

③《明史》卷二三五《王德完传》："万历二十八年起任工科，极陈国计匮乏，言：近岁宁夏用兵费百八十余万，朝鲜之役七百八十余万，播州之役二百余万。"按毕自严所记与此不同，《石隐园藏稿》卷六《清查九边军饷疏》："征哱拜之费用过一百余万，两次征倭之费用过五百九十五万四千余两，征播之费用过一百二十二万七千余两。"

朝鲜用兵，置军天津，月饷六万，悉派之民间。（同上书卷二四一）

所增赋额较二十年前十增其四，民户殷足者十减其五。东征西讨，萧然苦兵（《明史》卷二一六《冯琦传》）。到万历四十六年（1618）辽东兵起，接连加派到五百二十万两。

时内帑充积，帝靳不肯发。户部尚书李汝华乃援征倭征播例，亩加三厘五毫，天下之赋增二百万有奇。明年复加三厘五毫。又明年以兵工二部请，复加二厘。通前后九厘，增赋五百二十万，遂为定额。（同上书卷七八《食货志二·赋役》；卷二二〇《李汝华传》）

接着四川、贵州又发生战事，截留本地赋税作兵饷，边饷愈加不够。从万历三十八年到天启七年（1610—1627）负欠各边年例至九百六十八万五千五百七十一两七钱三分（《石隐园藏稿》卷六《详陈节欠疏》）。兵部和户部想尽了法子，罗掘俱穷，实在到了无办法的地步，只好请发内库存银，权救边难，可是任凭呼吁，皇帝坚决不理，杨嗣昌在万历四十七年（1619）所上的《请帑稿》颇可看出当时情形：

今日见钱，户部无有，工部无有，太仆寺无有，各处直省地方无有。自有辽事以来，户部一议挪借，而挪借尽矣。一议加派，而加派尽矣。一议搜括，而搜括尽矣。有法不寻，有路不寻，则是户部之罪也。至于法已尽，路已寻，再无银两，则是户部无可奈何，千难万苦。臣等只得相率恳请皇上将内帑多年蓄积银两，即日发出亿万，存贮太仓，听户部差官星夜赍发辽东，急救辽阳。如辽阳已失，急救广宁，广宁有失，急救山海等处，除此见钱急着，再无别法处法。（《杨文弱集》卷二）

疏上留中，辽阳、广宁也相继失陷。

天启时诸边年例又较万历时代增加六十万，京支银项增加二十余万（《石隐园藏稿》卷六《清查九边军饷疏》）。辽东兵额九万四千余，岁饷四十余万，到天启二年（1622）关上兵止十余万，月饷至二十二万（《明史》卷二七五《解学龙传》），军费较前增加六倍。新兵较旧军饷多，在召募时，旧军多窜入新营为兵，一面仍保留原额，政府付出加倍的费用募兵，结果募的大部仍是旧军，卫所方面仍须发饷。[①]从泰昌元年（1620）十月到

①《明史》卷二七五《杨文弱集》卷一，万历四十七年九月，《请立兵册清查辽饷确数稿》："新兵原食一两二钱，今递加至一两八钱。旧兵原食四钱，今递加至一两二钱。新兵递加，往开元等一两八钱，往铁岭等一两六钱。旧兵递加，其上等一两二钱，中等者八钱。"天启元年六月《三覆议山东河北增兵用饷稿》："定辽西新旧兵例分为五等，一等月给银二两，二等月给银一两八钱，三等月给银一两五钱，四等月给银一两二钱，五等月给银八钱。"

天启元年（1621）十二月十四个月用去辽饷至九百二十五万一千余两，较太仓岁入总数超过三倍。（《杨文弱集》卷四《述辽饷支用全数疏》）

崇祯初年，一方面用全力防遏建州的入侵，一方面“流寇”四起，内外交逼，兵愈增，饷愈绌。崇祯二年（1629）三月户部尚书毕自严疏言：

诸边年例自辽饷外，为银三百二十七万八千有奇。今蓟、密诸镇节省三十三万，尚应二百九十四万八千。统计京边岁入之数，田赋百九十六万二千，盐课百十一万三千，关税十六万一千，杂税十万三千，事例约二十万，凡三百二十六万五千有奇。而逋负相沿，所入不满二百万，即尽充边饷尚无赢余。乃京支杂项八十四万，辽东提塘三十余万，蓟、辽抚赏十四万，辽东旧饷改新饷二十万，出浮于入已一百十三万六千。况内供召买，宣大抚赏，及一切不时之需，又有出常额外者。（《明史》卷二五六《毕自严传》）

除辽饷不算，把全国收入，全部用作兵费还差三分之一。崇祯三年（1630）又于加派九厘外，再加三厘，共增赋一百六十五万四千有奇。[①]

① 《明史》卷二五六《毕自严传》：“兵部尚书梁廷栋请增天下田赋，自严不能止。于是旧增五百二十万之外，更增百六十五万有奇，天下益耗矣。”卷二五七《梁廷栋传》：“亩加九厘之外，再增三厘，于是增赋百六十五万有奇，海内益怨咨。”按卷二五二《杨嗣昌传》：“神宗末年增赋五百二十万，崇祯初再增百四十万。统名辽饷作百四十万，误。”

同年度新旧兵饷支出总数达八百七十余万，收入则仅七百十余万，不敷至百六十万（《石隐园藏稿》七《兵饷日增疏》）。崇祯十年（1637）增兵十二万，增饷二百八十万，名为剿饷：

其筹饷之策有四：曰因粮，曰溢地，曰事例，曰驿递。因粮者，因旧额之粮，量为加派，亩输粮六合，石折银八钱，伤地不与，岁得银百九十二万有奇。溢地者，民间土地溢原额者，核实输赋，岁得银四十万六千有奇。事例者，富民输赀为监生，一岁而止。驿递者，前此邮驿裁省之银，以二十万充饷。……初嗣昌增剿饷，议一年而止，后饷尽而贼未平，诏征其半。至是督饷侍郎张伯鲸请全征。（《明史》卷二五二《杨嗣昌传》）

崇祯十二年（1639）又议练兵七十三万，于地方练民兵，又于剿饷外，增练饷七百三十万。时论以为：

九边自有额饷，概予新饷，则旧者安归。边兵多虚额，今指为实数，饷尽虚糜而练数仍不足。且兵以分防不能常聚，故有抽练之议。抽练而其余遂不问。且抽练仍虚文，边防愈益弱。至州县民兵益无实，徒糜厚饷。以嗣昌主之，事钜，莫敢难也。（同上）

从万历末年到这时，辽饷的四次递加，加上剿饷、练饷，一共增赋一千六百九十五万两。这是明末农民在正赋以外的新增负担！崇祯十六年（1643）索性把三饷合为一事，省得农民弄不清楚和吏胥的作弊。（同上书卷二六五《倪元璐传》）

因外族侵略和农民起义而增兵，因增兵而筹饷，因筹饷而加赋。赋是加到农民头上的，官吏的严刑催逼和舞弊，迫使农民非参加起义不可，《明史》卷二五五《黄道周传》说：

催科一事，正供外有杂派，新增外有暗加，额办外有贴助。小民破产倾家，安得不为盗贼！

结果是朱明统治的被推翻。“流寇”领袖攻陷北京的李自成起事的口号是：

从闯王，不纳粮！

一九三七年六月于北平

“北虏”、南倭：贯穿时代的战争[①]

今天我们国家是各民族团结的大家庭，实行民族团结的政策，各民族互相尊重，友好相处。在这样的情况下，我们怎么来看待历史上的民族关系？譬如明朝和蒙古族的关系，北宋和契丹的关系，清朝满族和汉族的关系，等等。对这些问题，有不少人感到难以处理。其实很简单，从今天学习历史的角度来说，从几千年各个民族发展的历史来说，我们应该把我们国家历史上的民族关系当作内部矛盾来处理。无论是蒙古族或者契丹，无论是西夏或者女真，都是这样。经过几年的研究，我们得出这样的看法：就是凡是今天在我们中华人民共和国的疆域之内的各民族，不论是哪一个民族，历史上的关系，都是我们自己内部的问题，不能当作敌我矛盾来处理，不能把它们当作外国。

---

①原题为《“北虏”、南倭问题》选自吴晗：《明史简述》。

要是当作外国，那问题就严重了。我们不能继承解放以前那些历史书、教科书和某些论文中的带有民族偏见的错误观点。总之，我们今天的看法可以分为两个方面：一方面必须实事求是，历史是怎么样就怎么样写。明朝和蒙古族是打了几百年的仗，这个历史事实不能改，在当时是敌对关系，这一点不能隐讳，也不能歪曲。另一方面，凡是我国疆域以内的各民族，不管它在历史上是什么关系，今天我们看都是内部问题，内部矛盾。两个兄弟吵架，不能作为侵略和被侵略来处理。今天，蒙古族是我们五十几个兄弟民族里面的一个，我们今天来讲这段历史的时候，就不能像当时那样对蒙古族采取诬蔑、谩骂、攻击的语言。要互相尊重。明朝是骂蒙古族的，蒙古族也骂明朝，这是历史事实。但这是他们在骂，不是我们在骂，我们应该实事求是地记录。如果我们也用自己的话来骂就不对了。你有什么道理骂蒙古族？你根据什么事情骂？所以要正确处理历史上的民族关系。

至于区别战争的性质问题，是正义战争还是非正义战争的问题，我们不能把少数民族打汉族的战争不加区别地都说成是正义的，也不能把汉族为了自卫而进行的战争都说成是非正义的。应该就事论事，就战争发生的原因、经过情况、是非来判断战争的性质。比如说，汉朝和匈奴的关系。匈奴来打汉朝，他抢人家的东西，屠杀人畜；汉朝为了自卫，就应该还击，这当然是正义的。唐朝和突厥的关系也是一样。突厥经常来打，唐朝为了自卫进行还击，也是正义的。明朝和蒙古族的关系。蒙古族要南下，明朝组织力量反抗，这同样也是正义的。但是，历史上汉族与少数民族之间的战争，也不是正义都在汉族的一边，这需要根据当时历史情况做出具体分析，不能一概而论。汉族经常欺侮一些小民族，打人家，这是非正义的。少数民族中的一些统治阶级为了自己的阶级利益，闹分裂，闹割据，打汉族，也同样是非正义的。所以要具体分析，不能笼统地对待。不是哪个民族大、哪个民族小的问题，也不是简单的谁打谁的问题，而是要根据战争的情况、双方人民的利益来判断战争的正义性与非正义性。

明朝和蒙古族的关系始终是敌对的关系，这个问题以后到清朝才解决。清朝打明朝经过了长期的战争，在这个战争中清朝采取联合蒙古族的政策，取得了蒙古族的支持。在入关之后，清朝对待蒙古族的政策是通过婚姻关系来保持满、蒙两个民族之间的和平，清朝皇帝总是把自己的女儿嫁给蒙古族的酋长。乾隆过生日时，来拜寿的一些蒙古族酋长都是他的女婿、孙女婿、曾孙女婿。所以，万里长城在清朝失去了意义。秦始皇修筑万里长城在历史上是起了作用的。早在战国时代，北方一些国家，像燕国、赵国为了抗拒外族的侵略，已经修筑了一些城墙。秦始皇统一六国之后，把这些国家所修的城墙联结起来加以扩展，就成为万里长城。我们现在看到的长城是经过许多朝代修建的，特别是青龙桥八达岭这一段不是秦始皇修的，而是明朝后期修的。我们在评论历史上某一件事情的好坏时，应该用辩证的方法。秦始皇修万里长城花了很大的力量，死了不少人，这是坏的一方面；可是另一方面，长城在漫长的历史过程中也的确起了作用。虽然它不能完全堵住北方各民族向南发动战争，但是，无论如何，它起了一部分作用，至少因为有了这样一个防御工事，使得长城以南众多的人口可以从事和平的生产。把长城的作用估计过高，认为有了这一条防线，北方的少数民族就进不来了，这是错误的。他们还是进来了，而且进来不止一次。但是，由于有了这个防御工事，使得北方一些少数民族的军事进攻受到阻碍，这种作用，直到明朝还是存在的。所以明朝还继续修缮长城。只有到了清朝，这样的作用才不再存在了。当然，清朝和蒙古族也有几次战争，不过跟明朝的情况比较起来就不同了。明朝和蒙古族始终是敌对的关系。清朝不是这样，清朝和蒙古族只是个别时候发生过战争。今天情况就更不同了，国家性质改变了，我们采取民族团结、民族区域自治的政策，内蒙古自治区是我们中华人民共和国组成部分之一，现在长城只是作为一个历史文物而保留着。世界上有七大奇迹，长城是其中之一，是世界上最伟大、最古老的工程之一。

明朝和蒙古的关系，是明朝历史上的一个特征，跟过去的情况不一样，跟以后的情况也不一样。此外，明朝和倭寇的关系，即所谓南倭问题，也是这个时代很突出的一个问题。明朝以前没有这样的情况，明朝以后也没有这样的情况。

研究明朝和倭寇的关系，光从中国的情况、中国的材料出发，还不可能得到全面的理解。还必须研究日本的历史。不研究日本的历史就很难理解当时为什么会有那么一些人专门从事抢劫，进行海盗活动，而且时间是如此之长，破坏是如此之严重。但是看看当时日本国内的情况，问题就很容易理解了。所以我们先讲讲日本的情况。

明朝的历史是从 1368 年开始的。而日本从 1336 年起，内部分裂为南朝、北朝。京都是北朝的政治中心，吉野是南朝的政治中心。这个分裂的局面，长达六十年之久。一直到 1392 年南朝站不住了，才投降了北朝。分裂期间，日本有两个天皇：京都有一个天皇，吉野有一个天皇。正当日本南北朝分裂的时候（1336—1392），明朝建立起来了。明朝建立初年，正是日本南北朝分裂的后期。

当时日本的政治形势怎么样呢？日本有天皇，可是那个天皇是虚的、无权的，是一个傀儡。不只是那个时候的天皇是傀儡，凡是明治维新以前的天皇都是傀儡，地位很高，可是政治上没有实际权力。掌握实权的是谁呢？是将军。当时的将军称为征夷大将军。将军有幕府，当时的幕府叫室町幕府，也叫足利幕府。那时日本处在封建社会，有很多封建领主，这些封建领主有很多庄园，占有很多土地，有自己的军事力量，他们不完全服从幕府的命令，各自在自己的势力范围内实行封建割据。足利幕府建立之后，由于他的经济基础很薄弱，不能完全控制他们。所以，在足利幕府时代，由于地方经济的发展，封建领主势力强大，在幕府控制下的中央财政发生了困难。怎么办呢？它就要求和明朝通商，做买卖。足利幕府的第三代叫足利义满，他派人到明朝来，要求和明朝通商。明朝政府当然欢迎，但是对日本的情况不了解，对国际形势缺乏知识，不知道日本国内已经有了天皇，糊里糊涂地就封足利义满为日本国王。足利义满希望通过和明朝通商来加强自己的经济地位，减少财政困难。但是，由于当时日本是处在一种分裂割据的状态，那些大封建领主并不听他的话。而在那些大封建领主下面有一批武士，由于得不到土地，生活困难，于是他们就到海上去抢劫，成为倭寇。这就是倭寇的来源。所以当时的情况是，一方面幕府和明朝有交往；另一方面幕府下面那些封建领主一批批地来破坏这种交往，到处抢劫。幕府不能控制那些诸侯、封建领主，最后发生了内战。从 1467 年到 1573 年这个

晚年出家为僧的足利义满像

时期，是日本历史上的“战国时期”。这个时期延续了一百多年，日本国内到处打来打去，战争频繁，人民不能正常地进行生产，因而土地荒废，粮食不够。这样，就使更多的人参加到倭寇的队伍中来。这就是日本在“战国时代”，也就是明朝中期（1467—1573）之后，倭寇侵略更加严重的原因。

从中国的情况来说，中国遭受倭寇的侵犯从明朝一开始就发生了。在明朝建国以前，倭寇已经侵略高丽。那时候，高丽王朝的政治很腐败，没有能力抵抗。接着倭寇南下骚扰我国沿海各地，从辽东半岛到山东半岛，到江苏、浙江、福建、广东，到处侵犯。洪武二年（1369）明朝政府派海军去抵抗倭寇。1384 年之后又派了一个大将在山东、江苏、浙江沿海地区修了 59 个军事据点防御倭寇。1387 年又在福建沿海地区修建了 16 个军事据点。所以，从洪武时代起，倭寇就已在危害中国。在永乐时代，1419 年倭寇大举进攻山东沿海地区。明朝军队狠狠地打了它一下，把这一股倭寇全部消灭了。倭寇的侵扰引起了明朝政府内部在政治上的争论。当时明朝政府专门设立了三个对外贸易机构，叫做“市舶司”。这三个市舶司设在广州、宁波和泉州。这些地方是当时的对外通商口岸，外国人可以到这里来做买卖。当倭寇侵略发生之后，有的人认为，倭寇之起是由于对外通商的缘故，因为你要做买卖，所以日本海盗就来了。最好的办法就是把市舶司封闭掉，对一切国家一概不做买卖。这种论调在明朝政府中占了优势，结果在1523年把三个市舶司撤销了。

撤销市舶司之后发生了另外一个问题。浙江、福建、广东等东南沿海地区，人口密度高，人多耕地少，不少人没有生产资料。这些人作什么呢？在通商的时候他们借一点资本出去做买卖，买一些外国货到中国来卖；把中国的土产卖出去。因此，这些人是依靠通商来维持生活的。这是一种情况。另外还有一种情况，就是东南沿海的一些大地主，他们看到对外通商的收入比在农业生产上进行剥削要多好几倍，因此从事对外贸易。他们自已搞了很多海船载运中国土产出国；同时把外国商品带回来卖。沿海大地主依靠通商发财，这在当时叫做“通蕃”。“通蕃”的历史已经很久了，宋朝后期就有许多大地主组织船队出海通商的事。宋代关于这一类事情的记载很多。元朝也有。民间有这样一个传说，说明朝有一个大富翁叫沈万三，他家里有一个聚宝盆，这个盆里可以出很多宝贝。这是传说，事实并不是这样。事实是他搞对外贸易发了财。有人说他富到这样的程度，明太祖修建南京城时，有一半是他出的钱；此外，每年还要他出很多钱。因为在明朝和元朝作斗争的时候，他曾经站在元朝这一边。所以后来明太祖干脆把他的家产全部没收了，把他充了军。有的说是充军到云南，也有的说是充军到东北。这个故事说明，当时是有这么一部分人是依靠通商和对外贸易来发财的。所以，当时东南沿海地区的情况是，一方面许多贫民依靠对外通商来维持生活，其中有一些穷苦的人长期停留在国外，这一批人就成为华侨。现在南洋各个地方都有华侨，大体上以广东、福建人为多；另一方面，沿海一些大地主依靠通商来发财。因此，当1523年，由于倭寇不断骚扰沿海，明朝政府封闭了市舶司，断绝了对外通商关系时，就发生了新的问题：一方面很多穷苦人失去了生活来源；另一方面，沿海大地主失去了发财机会。他们要求恢复通商。在这种情况下，某些地主集团便采取反抗手段。你禁止通商，他就秘密通商。他们自己组织船队出去，其中有一些照样发了财，有一些就遭到倭寇的抢劫；而另外一些则采取和倭寇合作的办法，他们也变成了倭寇。他们组织船队出去，能够做买卖就做买卖，不能做买卖就抢。因此，倭寇主要是日本海盗，但其中也有一部分是中国人。

除了倭寇之外，当时还有一种情况，即在16世纪初年（1513），葡萄牙人到东方来了。这些葡萄牙人一方面进行通商活动；另一方面也进行海盗活动。不但进行海盗活动，而且占据了我国福建沿海的一些岛屿。

朱纨像

1546年，也就是日本的“战国时代”，倭寇对沿海的侵略更加严重了，浙江宁波一带受到严重的损害。明朝政府派了一个官员总管浙江、福建两省的军事，防御倭寇。这个官员叫朱纨，他坚决执行禁海方针，任何人都不许出去。坚决用军事力量打击倭寇，打击葡萄牙海盗。把抓到的九十多个海盗头目——有日本人，有葡萄牙人，也有中国人——都杀掉了。这样一来引起政治上的一场轩然大波。因为被杀的这些人里面，有一些是沿海的大地主派出去的，把这些人杀了，就损害了沿海大地主阶级的利益。这些大地主集团在北京中央政权机构里的代言人（主要是一些福建人）大叫起来了，他们向皇帝控告朱纨，说他在消灭海盗时，错杀了良民和好百姓。这样就展开了政治斗争。在政府里和地方上形成两派：一派要求对外通商；一派反对通商。大体上沿海一些大地主坚决主张通商，而内地一些大地主反对。为什么内地的大地主反对呢？因为他们不但得不到通商的好处，而且海盗扰乱的时候，还要出钱。他们吃了亏。通商派和反通商派的斗争很激烈，代表闽浙沿海大地主利益的许多官员都起来反对朱纨。朱纨也向皇帝上疏为自己辩护，并且很愤慨地说："去外国盗易，去中国盗难；去中国濒海之盗易，去中国衣冠之盗尤难。"这样，浙江、福建沿海的大地主集团更加恨他，对他的攻击更厉害了。结果明朝政府就把他负责的浙江、福建两省的军事指挥权撤销了，并且派了一个官员来查办这件事。最后朱纨在"纵天子不欲死我，闽浙人必杀我"的情况下自杀了。

朱纨失败了，倭寇问题没有解决。1552 年之后，情况更加严重。在浙江沿海一带，倭寇长驱直入。一直到 1563 年的十一年中间，不但江苏、浙江、福建的许多城市、农村受到倭寇的烧杀、抢劫，倭寇甚至还打到南京城下，打到苏州、扬州一带。

这个时候，明朝的军事力量已经腐化了。明朝在地方的军事制度是卫所制，一个卫有五千六百人，一个千户所有一千一百二十人，一个百户所有一百二十人。军队和老百姓分开，军户和民户分开。军人是世袭的，父亲死了以后，儿子接着当兵。明朝初年的军事力量是相当强大的，因为它有经济作基础。那时，明朝实行屯田政策，军队要参加生产。办法是国家拨一部分土地给军队，军队里抽一部分人，参加农业生产。自己生产粮食供应军队的需要，国家再补贴一部分。所以，尽管军队的数量很大，最多时达到二百多万人，可是国家的财政开支并不大。以后由于许多地主官僚把屯田吞没了，把军队的钱贪污了，所以屯田的面积愈来愈小，粮食收入愈来愈少。同时，有些军官把士兵拉来替他搞私人劳动，在家里服役。此外，由于军队和老百姓是分开的，军户和民户是分开的，军人的服装、武器要自备；把河北人派到云南去，山东人派到浙江去，世世代代当兵，结果部队中逃亡的比例愈来愈大。从明朝初年一直发生军队减员的现象，以后愈来愈严重，往往一个单位的逃亡比例达到十分之七八，一百人当中只剩下二三十人。怎么办呢？明朝政府就采取这样的办法：张三如果逃跑了，就把他的弟弟、侄子抓去顶替。如果他家里没有人可以顶替，就抓他的邻居去代替。但是这些被抓去顶替的人又逃跑了。所以军队数量愈来愈少，质量愈来愈低。军官也腐化了。

从明太祖到明成祖，在沿海建立了许多军事据点，组织了海军，建造了一些战船。到这时这些战船因为用的时间太久了，破破烂烂，不能再用了。按照规定，船过一定时期要修一次。可是由于修船的钱也被军官贪污了，没办法修，所以战船愈来愈少。

由于上面这几方面的原因，明朝的军事力量腐化了，军队不能打仗了。在1552年之后，往往是数量不多的倭寇登陆之后，一抢就是几十个城市，抢了就跑。各地方尽管有很多军队，但是不能抵抗。人民遭受到深重的灾难。特别应该指出的是，倭寇所侵犯的这些地区都是粮食产区，是最富庶的地方。像江苏（包括长江三角洲）、浙江及福建沿海地区，都是最富庶的地区，经济最发达的地区。这些地方长期遭到抢劫一直到什么时候呢？一直到1564年才改变这种局面。这时，出现了戚继光、俞大猷等有名的军事将领。戚继光看到原来的军队不能作战了，就自己练兵。他了解浙江义乌县的农民很勇敢，便招募了义乌县的农民三千人，成立了一支新军，进行严格的军事训练。他根据东南地区的地形，组织了一

戚继光像

个新的阵法，叫做“鸳鸯阵法”。这个阵法的主要特点是各个兵种互相配合，长武器和短武器结合使用。更重要的是他有严格的军事纪律，对兵士进行严格的军事训练。经过二三年之后，他的这支军队便成了最有战斗力的军队。当倭寇侵入浙江的时候，在台州地区，戚继光的军队九战九胜，把浙江地区的倭寇消灭光了。以后把福建地区的倭寇也消灭了。他和俞大猷及其他地区的军事将领经过十年左右的努力，彻底解决了倭寇问题。

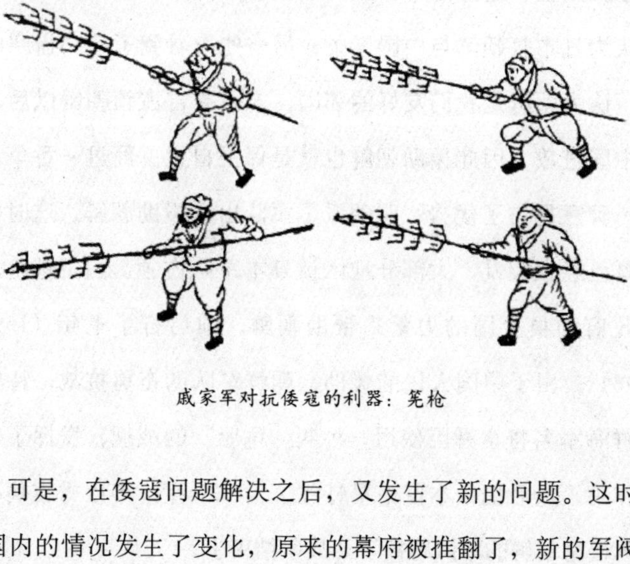

戚家军对抗倭寇的利器：筅枪

可是，在倭寇问题解决之后，又发生了新的问题。这时日本国内的情况发生了变化，原来的幕府被推翻了，新的军阀起来了。这就是丰臣秀吉。丰臣秀吉用军事力量统一了国内。不过这是表面上的统一，实际上国内各地还是一些封建领主在统治着。这些封建领主拥有强大的军事力量，他不能完全控制。

为了把尚未完全控制的封建领主（大名）的目标转向国外，并消耗他们的实力，以稳固自己的统治，于是丰臣秀吉就发动一次侵朝战争，派军队去打朝鲜。他写信给朝鲜国王，说他要去打明朝，要朝鲜让路，让他通过朝鲜进入我国东北，他的军事野心非常狂妄，准备征服整个中国，然后把他的天皇带到中国来，以宁波为中心，建立一个庞大的帝国。步骤是：第一步占领朝鲜；第二步占领中国；第三步以中国为中心，向南洋群岛扩张。面临着这样的形势，明朝政府怎么办？有两种主张：一种认为日本打朝鲜与中国无关；另一些人看到了唇亡齿寒的关系，认为朝鲜是我们友好的邻国，丰臣秀吉占领朝鲜以后就会向中国进攻，因此援助朝鲜也就是保卫自己。经过一番争论，后一种意见占了优势，明朝派了军队出去援助朝鲜。这时候，朝鲜已经很混乱，大部分地区被日本军队占领，国王逃跑。明朝政府动员全国的力量来帮助朝鲜，前后打了七年（1592—1598）。由于中国人民的援助，朝鲜军队的奋勇抗战，特别是朝鲜海军名将李舜臣使用一种叫“龟船”的战舰，发挥了很大的作用，最后把日本侵略军打败了。1598 年，丰臣秀吉病死。日本侵略朝鲜的军队跑掉了，战争结束了。

所以，我们和朝鲜的历史关系很深远，在甲午战争前三百年，中国就出兵援助过朝鲜，共同反抗外来的侵略。在中华人民共和国建立之后，我们的经济还没有恢复，美帝国主义就越过“三八线”，向朝鲜民主主义人民共和国进攻。情况很严重。我们又进行了抗美援朝运动，派出了志愿军支援了朝鲜人民。

这一段历史使我们得到这样的认识：日本军国主义者不是这个时代才有，而是有其长远的历史原因。它总是要侵略别人的，从倭寇起，以后不断地向外侵略，1598 年侵略朝鲜，甲午战争时期占领我国东北，1937 年以后占领了我国大部分地方。我们进行了抗日战争才取得了胜利。要了解和熟悉日本的情况，必须要了解和熟悉我们自己的历史情况，这样才能对我们很接近的国家有正确的看法。当然，说日本的军国主义有长远的历史原因，绝对不等于说日本人民都是侵略者。如果得出这样的结论，那就是错误的。但是日本的统治者，不管是过去的封建主，或者是近代的军国主义者，都是侵略成性的。中国与日本是一衣带水的邻邦，两国之间有着悠久的历史文化联系。但是在近代的半个多世纪中，由于日本军国主义的侵略，给中日两国人民带来了灾难。现在中日两国人民，都要从惨痛的历史中吸取有益的经验教训，使惨痛的历史永不重演，建立和巩固两国人民的友好关系。

明朝的历史情况与过去不同。与倭寇的斗争，与蒙古贵族的斗争贯穿着这个时代。明朝以前没有这样的情况，明朝以后也没有这样的情况，这是明朝历史的特征。要抓住这个特征才能够了解明朝人民的负担为什么那么重。因为北边有蒙古问题，沿海有倭寇问题，就要有军队打仗。军队要吃饭，要花钱，这些负担都落在人民身上。所以明朝的农民受着无比深重的苦难。在这样的情况下，从明朝开国一直到灭亡，都不断发生农民战争。农民战争次数之多，规模之大，时间之久，分布地区之广，在历史上没有任何一个时期可以和明朝相比。